AF495014

La Pacification

DE LA

Côte d'Ivoire

Extrait de L'Afrique Française *d'Octobre* 1910

COMITÉ DE L'AFRIQUE FRANÇAISE

21, RUE CASSETTE, 21

PARIS

La Pacification
DE LA
Côte d'Ivoire

MÉTHODES ET RÉSULTATS

Il y a quelques mois, au début de la présente année, des nouvelles alarmantes circulèrent dans la presse sur la situation politique de la Côte d'Ivoire. Des articles pessimistes, bénéficiant du tirage considérable de grands quotidiens, montrèrent cette colonie en proie à une révolte généralisée des indigènes. Des faits dramatiques furent rapportés, qui provoquèrent un sentiment d'horreur pour la sauvagerie des rebelles : la voie ferrée, par laquelle les régions de savanes sont unies au littoral à travers la forêt vierge, avait été coupée en maint endroit, les gares étaient détruites, les ponts en fer jetés dans les ravins, deux postes investis; les insurgés, maîtres du terrain, venaient d'arrêter un train, d'assassiner un voyageur européen, de massacrer plusieurs centaines de noirs fidèles à notre cause, de livrer à nos troupes accourues de violents combats qui nous coûtaient nombre de tirailleurs tués, plusieurs officiers et soldats blessés; Abidjan, tête de ligne du railway, et Bingerville, chef-lieu de la colonie, se trouvaient menacés; le pays entier paraissait à la veille de nous échapper à la suite de désastres sans précédent dans les annales coloniales.

A cette situation, dont nous ne voulons pas dès maintenant apprécier la réalité, il fallut attribuer une cause : elle fut aussitôt découverte dans la politique qu'avait, depuis un an et demi, adoptée le gouverneur de la Côte d'Ivoire, M. Angoulvant : politique rude, disait-on, exagérément fiscale, ignorante de la nature et des traditions indigènes, exigeante, pressée et ne connaissant, comme premier et dernier argument, que l'emploi de la force.

Ce sévère jugement fit un moment son chemin et les incidents qui l'avaient provoqué passèrent bientôt au second plan pour laisser la place à des discussions souvent acrimonieuses, au cours desquelles les personnes ne furent pas ménagées. Ce fut, sans doute, un tort, mais la polémique dont les coloniaux suivirent les phases diverses eut pour résultat de faire douter du bien-fondé de la condamnation tout d'abord prononcée contre la politique de M. Angoulvant. On s'enquit et ce ne fut pas sans surprise que l'on enregistra des faits et des mesures propres à justifier, par la considération du passé, par l'examen du présent, cette politique. Dans le même temps, les troubles dont la presse avait fait mention apparurent infiniment moins graves et moins étendus que ne les peignaient des récits amplifiés et dramatisés, sans doute, par la distance. On connut, enfin, que la prospérité économique de la colonie allait croissant, dans des proportions dont les résultats commerciaux antérieurs ne donnaient nulle idée; que les finances étaient prospères; que, par des dispositions excellentes, M. Angoulvant n'avait cessé de témoigner aux indigènes un intérêt évident et pratique, dans lequel l'humanité, la solidarité, le désir de relèvement physiologique, moral et social, le souci d'accroître le bien-être des autochtones, l'amour de la paix et du travail trouvaient très largement leur compte. Comme conclusion immédiate de ce dénouement, on sut que le gouverneur général de l'Afrique Occidentale

Française, M. W. Ponty, n'avait cessé d'accorder sa confiance à son collaborateur, l'avait aidé de son expérience, de ses conseils, de son autorité, lui avait donné tous les concours utiles. Il sembla bien alors, qu'une situation aussi rapidement améliorée et consolidée n'avait jamais pu être aussi mauvaise qu'on l'avait dite.

Aujourd'hui que le temps a passé, il faut clore le débat par une étude impartiale et fidèle des faits et livrer au public les résultats d'une longue et minutieuse enquête. Ceux qui nous liront verront ainsi que l'affaire de la Côte d'Ivoire — si affaire il y a eu — n'intéresse pas une personnalité déterminée, mais la politique indigène africaine tout entière. Car, il faut le dire de suite, cette politique, qui avait évolué dans ses tendances pendant les dernières années, s'est trouvée remise sur le tapis par les initiatives de M. Angoulvant, en ce qui concerne — nous le précisons — les contrées où la situation se présente sous le même aspect qu'à la Côte d'Ivoire. Nous verrons dans quelle mesure et l'on s'efforcera sans nul doute de tirer de cette étude des conclusions pratiques quant à la ligne de conduite qui s'impose dans ces contrées.

Entièrement comparatives, les pages qui vont suivre diviseront le sujet en trois parties : 1° les *faits*; 2° les *critiques;* 3° la *méthode*.

I. — Les faits.

Il n'est pas sans intérêt de remonter à l'époque de la création de la colonie de la Côte d'Ivoire, en 1893, et de suivre la succession des faits militaires qui s'y sont déroulés pour apprécier la situation politique de cette possession.

1893. — « Le capitaine Marchand, lit-on dans l'*Almanach du Marsouin* pour 1897, arrivé à Grand-Bassam au mois de mars, se heurta, dès le début, à la ville de Tiassalé, devant laquelle beaucoup d'autres avaient échoué avant lui. Bien secondé par son compagnon, le capitaine Manet, il l'enleva d'assaut, assurant ainsi la route vers le Niger. » Il traverse ensuite le Baoulé, occupant Singrobo, Ouossou, Toumodi, Kouadiokofi, Bouaké.

En octobre, le commandant Pineau marche avec deux compagnies contre les gens de l'Akapless, près de Grand-Bassam, et échoue à l'attaque du gros village de Bonoua. Il a 76 hommes hors de combat; tous les gradés européens sont plus ou moins complètement atteints.

Le 16 novembre, le lieutenant-colonel Monteil renouvelle l'attaque avec, cette fois, de l'artillerie et enlève Bonoua.

Fin décembre, le Baoulé entre en insurrection : « On doit voir, dit la revue militaire citée plus haut, dans ce soulèvement la volonté arrêtée des indigènes d'enrayer le mouvement de pénétration des Européens dans leur pays ». Le lieutenant Hayes, attaqué le 27 décembre, à Ahuakrou, perd près de la moitié de son effectif.

1894. — Le colonel Monteil arrête ce mouvement dès le début de l'année; il y a 13 tués et 65 blessés au cours de divers engagements.

Marchant sur Kong avec une forte colonne pour y combattre Samory, cet officier supérieur doit soutenir de violents combats : quand il disloque ses forces, trois mois plus tard, à Kouadiokofi, celles-ci ont éprouvé des pertes importantes : les lieutenants Grandmontagne et Ayrolles, le capitaine Desperles sont morts, le colonel Monteil, le capitaine de Kerossara, le lieutenant Testard sont grièvement blessés.

1895. — Le lieutenant Bretonnet et M. Lamblin voulant atteindre Bondoukou en partant de l'Ouest du Baoulé ne peuvent traverser le Morénou, à cause de l'hostilité des indigènes.

Le lieutenant Lecerf, venu du Soudan, meurt tragiquement dès qu'il aborde la forêt.

1896. — Le gouverneur Mouttet fait entreprendre d'incessantes et vaines reconnaissances pour forcer la barrière forestière.

1897. — M. Clozel, alors administrateur, parvient, à force d'énergie, à traverser l'Indénié, à fonder le poste d'Assikasso, à occuper Bondoukou.

1898. — M. Eyssóric est fait captif dans le pays Gouro qu'il veut explorer.

MM. Bailly et Pauly sont massacrés en venant du Soudan vers le Cavally.

Le lieutenant Blondiaux, venant de la Guinée vers le Haut-Cavally, est brutalement repoussé par les Djolas, non loin du poste actuel de Man.

Les régions de Toupa et d'Ossrou, dans le cercle des Lagunes se soulèvent : deux Européens sont tués ; une colonne de répression envoyée contre Ossrou, perd 54 hommes et est repoussée.

En décembre, le Nord du Baoulé se soulève : 3.000 indigènes attaquent, le 29, le poste de Bouaké et sont repoussés après de rudes combats.

Le décret du 25 août 1899, qui accorde la médaille coloniale « au personnel militaire ou civil ayant pris part aux opérations effectuées à la Côte d'Ivoire du 1er mai 1898 au 25 septembre suivant » est précédé d'un rapport ainsi conçu :

> Pendant la période comprise entre le 1er mai et le 25 septembre 1898, de nombreux combats ont été livrés à la Côte d'Ivoire, soit pour délivrer le poste d'Assikasso (Indénié) qui se trouvait assiégé par 6.000 Noirs révoltés, soit pour châtier les Bouboury qui avaient assassiné deux Européens près de Dabou.
>
> Dans ces divers engagements, le personnel militaire ou civil y ayant pris part a d'ailleurs éprouvé de sérieuses pertes (11 tués et 60 blessés, dont 5 Européens).

1899. — Le lieutenant Woelffel subit le même sort que l'année précédente le lieutenant Blondiaux dans la même région.

Des troubles éclatent dans le Bas-Cavally où le commandant Kolb effectue la répression.

Les N'Gbans et les Ouarébos se soulèvent, dans le Baoulé Sud. Le poste de Toumodi est brûlé par les rebelles. La révolte se généralise; des renforts sont envoyés; le capitaine Lemagnen et l'administrateur Delafosse répriment la révolte; le commis des affaires indigènes Seigland est mortellement blessé.

Le rapport précédant le décret du 29 août 1900, qui accorde le droit au bénéfice de la campagne de guerre et à la médaille coloniale aux militaires et marins en service à la Côte d'Ivoire du 1er janvier au 31 décembre 1899 s'exprime comme suit :

> Pendant l'année 1899, les troupes stationnées à la Côte d'Ivoire ont eu à livrer de nombreux combats au cours des expéditions entreprises dans le Bas-Cavally et le Baoulé.
>
> Dans ces divers engagements, le personnel qui y a pris part a éprouvé de sérieuses pertes (12 tués, dont 1 officier européen, et 60 blessés, dont 2 officiers et 4 sous-officiers européens).

1900. — Le Baoulé est occupé militairement avec de forts effectifs, malgré la présence desquels les communications sont interrompues entre Bouaké et Kouadiokofi. « Des embuscades, lit-on dans l'*Almanach du Marsouin*, étaient tendues sur la route, des courriers arrêtés. Le 16 octobre, le lieutenant Aubert, commandant le poste de Bouaké, était reçu à coups de fusil au village de Konakro, à 4 kilomètres du poste. » Suit une longue énumération d'engagements et d'opérations, avec cette conclusion éloquente et symptomatique : « Chaque détachement rentre avec des morts et des blessés. »

1901. — La lutte se poursuit avec une extrême violence dans le Baoulé, contre les Faafoués et les N'Gbans en particulier. Il est édifiant de lire, dans la revue ci-dessus citée, le tragique récit des opérations poursuivies. A propos de l'attaque et de la prise de Kokumbo, village

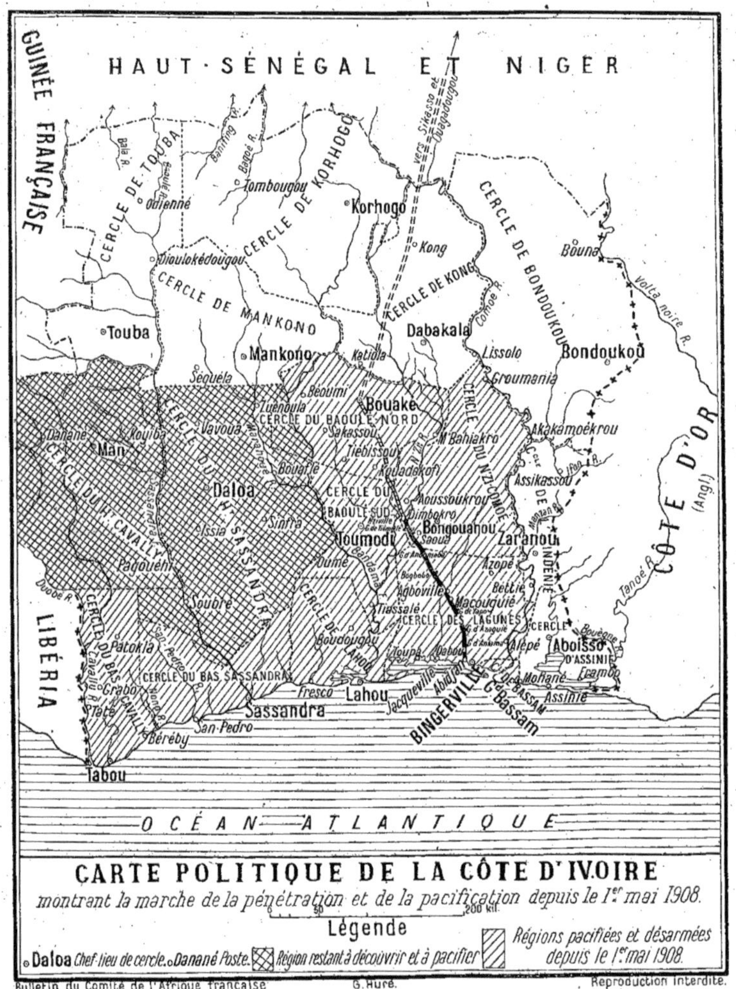

important du Baoulé-Sud, nous y trouvons : « Nos pertes, en dépit de la formidable fusillade, n'ont pas été très considérables : 4 tués et 15 blessés pour deux compagnies. Après la prise, ajoute ce récit, cela a été une guerre de partisans de part et d'autre. »

Pour la première fois, en 1901, les Agbas nous font la guerre.

1902. — La pénétration du Sassandra est entreprise par l'administrateur Thomann, qui crée le poste de Guidéko et établit la liaison entre la mer et Séguéla.

La lutte continue aussi ardente au Baoulé où nous perdons le lieutenant Larçon, le 2 mars. Le 28 juin, le chef des N'Gbans essaie de s'emparer par surprise du poste de Ouossou ; il est pris. Les gens pillent nos convois commerciaux : c'est le signal d'une prise d'armes générale. Une expédition est nécessaire. La situation est assez mauvaise; le sergent Bos est tué.

En août, le capitaine Privey doit exécuter une tournée de police contre les Faafoués qui tiennent la campagne. Pour escorter un convoi de blessés de Kouadiokofi à Lomo (3 étapes), il faut au capitaine Garnier 214 fusils.

En septembre, les capitaines Cambon et Garnier et le lieutenant Coudert opèrent sur la rive gauche du Bandama, dans la région de Tiassalé et dans la haute vallée du N'Zi.

Les Nanafoués attaquent le poste de Salékro. Le capitaine Privey qui va à son secours est violemment attaqué le 10 septembre, à Zaka, et grièvement blessé. De nouveau, le poste est attaqué en octobre; il faut une nouvelle colonne qui nous coûte une dizaine de tirailleurs et le lieutenant Dessuze. Nous devons évacuer Salékro.

Dans le secteur de Ouossou, la situation n'est guère meilleure; nous avons de nombreux engagements en octobre et novembre. Une opération est menée contre le massif de l'Orumbo-Bocca.

Près de Bouaflé, de nouvelles rébellions se produisent et exigent un vigoureux effort (*Almanach du Marsouin*).

1903. — Continuation des opérations dans le Baoulé. Les indigènes attaquent le poste de Sakasso.

La pénétration du cercle des Lagunes (pays attié et abbey) est entreprise par l'administrateur Lamblin, qui crée le poste d'Ery-Makouguié, près de l'Agboville actuelle.

Des difficultés doivent être réglées aux alentours de Toupa (lagune Ebrié) avec les Bouburys.

1904. — Des incidents graves se produisent dans le Mango (Nord du cercle actuel du N'Zi-Comoé), où le poste d'Akakoumoékrou est fondé.

La pénétration du Sassandra se poursuit : le poste d'Issia est créé.

La pénétration de la région de Touba est entreprise.

Des incidents se produisent dans le cercle des Lagunes, à Grand-Alépé, près de Bingerville.

1905. — En février de grands troubles éclatent aux environs immédiats de Bingerville, chef-lieu de la colonie. Les indigènes du village d'Akouadio, situé à 8 kilomètres du gouvernement, attaquent Bingerville, tuent un garde et un colporteur jusque dans l'agglomération. Il faut appeler de Lahou une compagnie qui, appuyée par une flottille, enlève Akouadio après une résistance acharnée; l'administrateur Lamblin est blessé. (*Journal officiel* de la Côte d'Ivoire du 28 février 1905.)

Des mouvements insurrectionnels se produisent en pays abbey, notamment à Ery-Makouguié; ils sont provoqués par le chef Soboa qui veut s'opposer à la construction du chemin de fer; pris, ce chef est déporté au Cavally.

Les Agbas du Sud, proches de Dimbokro, se soulèvent. Le commandant Betselère mène contre eux une colonne de 400 fusils et les défait après une brillante opération : nous avons 3 tués dont 1 sergent européen et 25 blessés.

1906. — La pénétration du Haut-Cavally est entreprise par le lieutenant Laurent : le poste de Danané est créé : le sergent Hittos est tué au cours d'un des engagements qu'entraîne cette action.

La pénétration du Moyen-Cavally est entamée par l'administrateur Joulia, qui accomplit une belle et courageuse mission.

Dans le Haut-Sassandra, le poste de Daloa est fondé, puis bientôt bloqué; le commis Lecœur est assassiné en septembre; les capitaines Schiffer et Thévenin doivent venir dégager le poste.

1907. — Le poste de Pagouéhi est créé dans le Haut-Cavally et le poste de Soubré dans le Sassandra.

La pénétration du Morénou (cercle du N'Zi-Comoé) et de l'Attié (cercle des Lagunes) est entreprise par les administrateurs Lamblin et Marchand; celle du pays Dida (cercle de Lahou) entamée par l'administrateur Guignard.

Daloa étant menacé et le pays Gouro agité, le commandant Chasles conduit une importante colonne dans cette région : les postes de Sinfra et de Bouaflé sont créés. Peu après, le capitaine Caveng est tué, le lieutenant Begbeder blessé.

Des troubles sérieux éclatent dans le Haut-Sassandra; le lieutenant Hutin est assassiné près de Daloa, le sergent Carboneil, blessé; le commandant Betselère vient du Baoulé dégager à nouveau ce poste et Soubré assiégé. La situation exige l'envoi dans la même contrée de la colonne Metz, forte de 640 hommes, qui livre, quatre mois durant, de nombreux et violents combats.

1908. — Les Agnis du N'Zi-Comoé se soulèvent en septembre; une tournée de police est conduite contre eux par l'administrateur Hostains et le capitaine Délibéros.

Une tournée de police est menée contre les Kodés (Baoulé-Nord), par le capitaine Foussat.

L'administrateur Simon est attaqué en pays Memlé, le capitaine Marx châtie les agresseurs. L'administrateur Terrasson de Fougères reconnaît le pays dida (cercle de Lahou).

Le poste de Man (Haut-Cavally) est violemment attaqué en novembre par les Diolas qui sont repoussés.

1909. — La situation est très tendue dans le Haut-Sassandra et le Haut-Cavally. Les Gouanfras sont défaits par le lieutenant-colonel Betselère (le lieutenant Agamemnon blessé), les Los par le capitaine Thomas, les Ayaous par le capitaine Cahen, les N'Goïs par le lieutenant Vian.

En février, un incident grave se produit à Morié (pays abbey) : au cours d'une palable tenue par l'administrateur Delbos, une agression se produit contre son escorte; de nombreux indigènes restent sur le terrain; cet incident retarde, suivant les déclarations faites depuis par les chefs de la région, le soulèvement des Abbeys déjà décidé.

En mai, le commis Gourgas, chef du poste d'Adzopé (pays Attié) est assassiné tandis qu'il lève le terrain : le capitaine Cahen défait les Attiés soulevés et le lieutenant Boudet achève leur pacification.

En juin, une petite escorte de tirailleurs accompagnant un courrier entre Daloa et Vavoua est invitée dans un village et lâchement assassinée pendant le repas qui lui est offert.

Les Akoués se soulèvent, menacent la vie de l'administrateur Simon et de l'adjoint Moesch, brûlent le poste de Bonzi. Le lieutenant Kaufmann rétablit le poste; le commandant Noguès, après une magnifique opération, soumet les rebelles.

En juillet, le poste de Pagouéhi est brusquement assailli; les agresseurs venus du Libéria sont repoussés.

Les N'Gbans exigent à Ouossou (Baoulé-Sud) la livraison du Sénégalais Ali Seck, qui a assassiné une femme de leur tribu. Pour éviter un effroyable massacre de colporteurs et un soulèvement le criminel est remis sous condition aux notables; il est tué.

Le village d'Ossrou (Lagunes) qui, depuis l'échec sanglant qu'il nous a infligé en 1898, se refuse à reconnaître notre autorité est pris et soumis en novembre par le capitaine Lalubin et le lieutenant Boudet.

L'administrateur Lahaye et l'adjoint de Villers sont attaqués en cours de tournée au Nord de Fresco (cercle de Lahou); M. de Villers est blessé.

1910. — En janvier, les Abbeys se soulèvent, coupent la voie ferrée, assassinent un Européen, assiègent Agboville et Adzopé; blessent le capitaine Ballabey, les lieutenants Boudet et de Luxer. Le commandant Noguès les réduit.

C'est à la suite de cette rébellion que le gouverneur général de l'Afrique Occidentale décide une action vigoureuse et méthodique à la Côte d'Ivoire. Des renforts importants y sont envoyés; un plan de pénétration par tranches est arrêté. Les N'Gbans, les Agbas et les Ouellés sont soumis. Toutes les tribus doivent rendre leurs armes. C'est ce plan qui se poursuit actuellement de l'Est à l'Ouest et qui, grâce au retrait des fusils, aura pour résultat certain la pacification définitive. Les troupes régulières sont à l'heure actuelle à la veille d'opérer contre les tribus riveraines du Bandama, Kodés, Nanafoués, Ayaous, Yaourés, restées en guerre contre nous depuis dix ans; après quoi, la pénétration du pays gouro, du Haut Sassandra et du Haut-Cavally sera entreprise.

Nous n'ajouterons rien à ce rapide exposé. Nous nous contenterons de constater que, sans arrêt, depuis 1893, l'état de guerre a régné dans la Baoulé et la forêt de la Côte d'Ivoire. Il paraît difficile, dès lors, d'opposer à la période de 1908, celle qui précède, comme de soutenir que la pénétration, opérée jusqu'alors sans recours à la force, était achevée à l'arrivée du gouverneur Angoulvant et la pacification complète.

II. — Les critiques.

La politique suivie à la Côte d'Ivoire par M. Angoulvant a provoqué des critiques diverses. Nous allons toutes les passer en revue et mettre en face non pas des affirmations, car la controverse n'est pas notre lot, mais des faits et des documents, laissant au lecteur le soin de juger. La tâche qu'aura ce dernier pour se faire une opinion se trouvera, du reste, singulièrement facilitée par cette circonstance que lesdites critiques, au lieu de rester dans des généralités qui laissent subsister un doute et sont fort difficiles à atteindre à fond, portent sur des points précis. De ce fait, les arguments contraires ne manquent pas, ainsi que l'on s'en convaincra, et ils sont de poids.

Nous laisserons même de côté, tout d'abord, le jugement d'ensemble formulé sur la politique du gouverneur de la Côte d'Ivoire, qualifiée de violente et guerrière. Nous aborderons ce sujet dans le chapitre suivant, consacré à l'étude approfondie de la méthode, car il intéresse celle-ci avant tout.

Cependant, nous ne tarderons pas davantage, au nom du simple bon sens, à exprimer la surprise qu'on ait pu opposer cette politique à celle pratiquée si heureusement par M. Ponty au Soudan et à laquelle il a donné le nom, aussi juste que séduisant, de « politique d'apprivoisement ». Il semble qu'on ait joué sur les mots et négligé de tenir compte de la différence des cas. D'un côté, nous avions, en effet, à agir sur une population bel et bien conquise, au prix de plusieurs années d'une lutte qui tient de l'épopée et qui nous a fourni la plupart de nos illustrations coloniales actuelles, à commencer par M. Ponty lui-même, mieux placé, par conséquent, que quiconque pour apprécier le terrain sur lequel il agissait comme gouverneur après s'être instruit et distingué comme combattant.

De l'autre côté, nous trouvons une population en pleine révolte, pratiquement inabordable et aussi opposée à notre intervention, avec son caractère spécial, que l'étaient les races soudanaises avant leur conquête. M. Ponty, ne l'oublions pas, a parlé d'apprivoisement en 1906 ou 1907; il ne l'aurait pas fait dix ou quinze années plus tôt, sauf à parler de l'avenir. Lorsqu'il employa cette belle expression, dont la fortune fut aussi légitime que celle des mots « politique d'association », il se trouvait en face d'indigènes soumis, mais restés, tant à cause de leur long passé d'oppression que de leur glorieuse défaite par nos armes, craintifs, éloignés de nous comme ils l'avaient été de leurs maîtres cruels d'autrefois, réservés et dans l'attente de nos actes avant de se donner à nous sans contrainte. Ce sera toujours l'honneur de M. Ponty d'avoir apporté ses soins, avec le remarquable succès que l'on sait, à faire disparaître cette réserve, à panser les blessures morales, à prouver par ses décisions que le joug français était léger et susceptible à la longue de gagner les cœurs, à nous attacher ces populations soudanaises chez lesquelles, grâce à lui, nous trouvons aujourd'hui les meilleurs artisans de notre pénétration africaine et, pour demain, des défenseurs redoutables par le nombre et le courage d'une patrie devenue la leur.

M. Angoulvant eût commis un non-sens, un anachronisme à rebours en pratiquant la même politique en 1908. Elle sera celle de temps non révolus encore pour la Côte d'Ivoire, exception faite des cercles du Nord. Elle devient peu à peu applicable aux régions qu'il a pacifiées. Mais on n'apprivoise pas un fauve avant de l'avoir dompté. Ce sont là, il est vrai, des étapes dont la distinction ne se fait vraiment sentir que pour ceux qui pratiquent. Et l'art, on le sait, est difficile. Aussi trouvons-nous très naturellement une excuse à ceux qui firent la confusion d'époques et de termes sur laquelle nous tenions, serait-ce seulement par respect pour la chronologie, à formuler une courte opinion.

***

La première critique de détail qu'on ait adressée à M. Angoulvant est celle qui lui reproche d'être allé trop vite, d'avoir entamé la pénétration et la pacification partout à la fois.

Ceci revient à dire, en premier lieu, qu'il se serait aventuré dans des régions nouvelles au lieu de pacifier tout d'abord complètement, si besoin, celles qui, depuis plus ou moins longtemps, se trouvaient placées sous notre influence, sinon sous notre autorité.

Or, nous devons à la stricte vérité de constater que M. Angoulvant ne s'est point engagé dans une seule partie de la colonie où nous n'ayons, avant sa venue, soit fait une reconnaissance, soit créé des postes, soit procédé à une première organisation et, dans tous les cas, engagé d'une manière quelconque notre prestige, nos intérêts ou des existences.

Voyons plutôt les faits.

Le 25 avril 1908, la Côte d'Ivoire est divisée en quatorze cercles. Cette répartition administrative date de l'arrêté du gouverneur général du 31 décembre 1907, consécutif à des arrêtés antérieurs des 21 mars 1907, 5 octobre et 18 mars 1905, 12 juin 1903.

Ce même texte du 31 décembre 1907 fixe à 51 le nombre des postes administratifs.

Toute la Côte d'Ivoire est désormais partagée en circonscriptions, que viendront seulement modifier dans leur étendue des arrêtés subséquents.

Sans nous arrêter aux régions complètement pacifiées à l'arrivée du gouverneur Angoulvant, nous constatons que les parties de la colonie où des troubles ont éclaté depuis deux ans, où des interventions militaires se sont imposées, sont, à peu de chose près, pourvues, par l'arrêté du 31 décembre 1907, de leurs postes actuels.

Ces régions sont :

Le cercle du Haut-Cavally avec postes à *Man*, Danané et Pagouèhi.

Le cercle du Haut-Sassandra et pays gouro avec postes à Daloa, Issia, Soubré, Bouaflé, Sinfra, *Oumé*, *Vavoua*, *Zuénoula*.

Le cercle du Baoulé-Nord, avec postes à Bouaké, M'Bahiakero, Béoumi, Sakasso, Tiébissou, Kouadiokofi.

Le cercle du Baoulé-Sud, avec postes à Toumodi, Bonzi, Ouossou, Tiassalé.

Le cercle de Lahou, avec postes à Grand-Lahou, Fresco, *Boudougou*.

Le cercle des Lagunes, avec postes à Bingerville, Abidjan, Alépé, Toupa, Dabou, *Agboville*, *Adzopé*.

Le cercle du N'Zi-Comoé, avec postes à *Bougouanou*, *Dimbokro*, Akakoumoékrou.

Les noms soulignés représentent les postes créés par M. Angoulvant.

Mais l'on remarque la particularité suivante : L'arrêté local, n° 697 bis, du 18 décembre 1908, consécutif à l'arrêté de réorganisation du gouverneur général pris, le 14 décembre 1908, pour diviser certains cercles trop vastes, tels le cercle du Ouorodougou, qui forma les cercles de Mankono et de Touba; le cercle du Baoulé, qui fut partagé en Baoulé-Nord et Baoulé-Sud; le cercle du Sassandra et le cercle-annexe des Gouros, qui devinrent le cercle du Haut-Sassandra et du pays gouro, cet arrêté du 18 décembre supprima un certain nombre de postes pour les remplacer par d'autres.

Ainsi, Ery-Makouguié fut transféré à Agboville, distant de 5 kilomètres, station importante du chemin de fer au nœud de deux routes projetées vers Tiassalé à l'Ouest et Zaranou à l'Est.

Sahoua, pour des motifs sanitaires et politiques, fut transporté à une étape vers le Nord-Est et devint Bougouanou.

Le poste d'Aoussoukrou, détruit par la foudre et mal placé, fut ramené à Dimbokro, à une journée au Sud, de façon à être placé sur la voie ferrée et sur les routes de Toumodi et de Bondoukou.

La création de Man avait été, dès 1907, prévue au projet de budget de 1908 et le futur chef de ce poste désigné à l'avance.

Il reste comme postes de fondation nouvelle, attribuable à M. Angoulvant : Oumé, Vavoua, Zuénoula, Boudougou et Adzopé, soit 5 postes sur 34 que comptent les sept cercles ci-dessus.

Or, Oumé a été créé pour jalonner la route de Tiassalé à Sinfra, à travers le bas pays gouro, dans une région nettement hostile que traverse la route de ravitaillement par laquelle, la plupart du temps, purent uniquement circuler les convois et détachements à destination du Haut-Sassandra.

Vavoua et Zuénoula, qui appartiennent aussi à cet immense territoire dont quelques faibles parties seulement sont connues et dont la pénétration est à faire en entier, ont été installés pour recevoir chacun une demi-compagnie et renforcer les effectifs alors dérisoires du cercle. Vavoua se trouve sur la route de Séguéla à Daloa, en plein pays lo, c'est-à-dire dans une région dont la moindre effervescence, trop fréquente, prive ce dernier poste de toutes relations avec le Nord, d'où pouvaient, en cas d'attaques semblables à celles de 1906 et 1907, lui venir les uniques secours possibles. De même Zuénoula garde les routes Mankono-Bouaflé et Bouaké-Daloa, sans cesse coupées et sur la première desquelles fut assassiné le capitaine Caveng.

Boudougou a pour mission de marquer notre premier établissement dans le pays dida, qui, à part l'infime bande serrée entre la lagune et la mer, constitue la totalité, jusqu'alors inconnue, du cercle de Lahou.

Adzopé a été créé pour nous asseoir dans le pays Attié, qui, à proximité du chef-lieu de la colonie, était, par sa situation politique, une menace ancienne et constante. Il surveille aussi l'importante route commerciale Agboville-Zaranou.

Si, maintenant, on consulte l'histoire de la Côte d'Ivoire, on constate que nous étions dans le Baoulé depuis 1893, époque à laquelle le capitaine Marchand occupa si brillamment Tiassalé, Singrobo, Ouossou, Toumodi, Kouadiokofi et Bouaké. La même histoire accuse l'occupation du Haut-Sassandra en 1903, du Mango (cercle du N'Zi-Comoé actuel) en 1904, du pays agba en 1905, du Haut-Cavally en 1906, du pays gouro en 1907; elle fait connaître enfin que l'exploration du pays dida, faite par l'administrateur Terrasson de Fougères en 1908, avait été précédée, un an avant, d'une reconnaissance de l'administrateur Guignard.

Ainsi, il n'est pas une des régions de la forêt dans laquelle, préalablement au 25 avril 1908, nous ne nous soyons introduits; ainsi qu'en font foi, également, l'historique des faits et l'organisation administrative antérieure à la date ci-dessus. Partout nous possédions, dans ces régions, des postes, au nombre de 29, nombre que M. Angoulvant porte à 34, en deux ans et demi, non pas pour marquer une marche en avant, inexistante, mais pour garantir la durée des faibles résultats acquis, garder des routes et éviter d'avoir à faire recommencer du tout au tout les efforts passés. Le gouverneur de la Côte d'Ivoire a donc, en 1908, comme premier et impérieux devoir de ne pas perdre de terrain, de maintenir ce qui existe, au moment où, après quinze années de luttes réelles bien qu'inapparentes, notre faiblesse éclate à la fois partout où nous nous sommes engagés antérieurement.

Le récit des faits, donné dans le premier chapitre de cette étude, est éloquent, en ce qui concerne l'état d'esprit des tribus de la forêt. Nous y renvoyons donc le lecteur pour lui permettre de se convaincre qu'en 1908, notre situation était précaire et marquait, partout, un stationnemen significatif.

A moins que d'abandonner purement et simplement la majeure partie des régions dans lesquelles nous avons des postes, il ne peut être questio de s'en tenir à une politique basée sur les moyens incroyablement restreints, si l'on considère que 840 hommes — quand les effectifs sont au complet, — ont pour tâche de garder 29 postes épars sur un espace vaste comme environ la moitié de la France et d'y assurer la paix. Quel gouverneur eût osé seulement proposer un tel abandon, quand depuis quinze ans, nous luttions, nous arrosions de sang ces régions? Et pourtant c'eût été logique autant que peu courageux, imprévoyant et néfaste. On se rend compte de ce que vaut un retrait de pavillon dans une contrée où nous avons affirmé, par des luttes et des sacrifices, la volonté de rester. Une semblable éventualité ne s'envisage même pas de sang-froid.

Mais, du moment que nous avons des postes dans des régions complètement hostiles ou douteuses, des incidents journaliers s'y produisent inévitablement. Le seul fait que l'existence de ces postes entraîne des mouvements d'Européens et de troupes, des circulations de convois et de courriers, provoque des difficultés. En veut-on quelques preuves?

En juin 1908, une escorte de tirailleurs portant des plis de Daloa à Issia est attaquée en cours de route.

En juillet, l'administrateur Lamblin et le commis Gourgas, en tournée dans l'Attié, y reçoivent un accueil tel qu'il faut leurs qualités de calme et de pondération pour éviter des incidents fâcheux.

En août, l'administrateur Vallon est menacé de mort dans le N'Zi-Comoé, tandis qu'il visite des villages agnis : il sort heureusement de ce mauvais pas à force d'habileté.

En septembre, dans le même cercle, l'administrateur Hostains doit user d'une patience à toute épreuve, d'une longanimité rare, pour ne pas répondre par la force aux actes d'hostilité et aux provocations qui le poursuivent jusqu'au chef-lieu de sa circonscription.

A la même époque, les Kodés du Baoulé Nord exigent, par leur insolence, menaçante pour le poste de Béoumi, une démonstration militaire.

En novembre, l'administrateur Simon en tournée dans le pays Memlé, au Sud de la région des Gouros est assailli traitreusement en sortant d'un village; son convoi, séparé de lui, est pillé, le garde de police qui le surveille tué.

Les Diolas attaquent et assiègent le poste de Man, que le capitaine Laurent sauve à force d'énergie.

Nous en passons. L'administration locale pourrait seule fournir la liste édifiante des attentats, insultes, menaces, que nos représentants doivent subir, *avant l'époque où M. Angoulvant se décide à une action vive, à la fin de* 1908.

Jusque-là, sauf une tournée de police effectuée dans le N'Zi-Comoé pour éviter des événements malheureux, la douceur et la patience ont été de rigueur. Sur tous les points, les indigènes y ont répondu par une recrudescence d'audace et d'hostilité.

Il n'y a donc même pas la possibilité de choisir un moment opportun pour agir dans telle ou telle région. La tension, fruit d'une longue inaction forcée, subie, est telle que, sans une réaction prompte, nous courons à des incidents généralisés. Il faut faire front, non pas sur quelques points, mais aujourd'hui dans un cercle, demain dans un autre, selon que les groupements se décident plus ou moins tard à prendre les armes. D'un bout à l'autre de la forêt, c'est un profond frémissement, symptôme de crises aiguës. Nous avons partout des postes; partout, donc, la lutte se prépare, s'annonce visiblement et l'autorité locale compte ses faibles forces, les répartit le mieux possible, se dispose à désorienter les adversaires en frappant, de ci de là, de rudes coups qui se répercuteront. Il va falloir donner aux indigènes l'impression d'une force réelle et, dans ce but, déployer une activité qui tiendra parfois du prodige et qu'on peut seulement maintenir pendant des mois, sans arrêt, grâce à ces magnifiques troupes que constituent les tirailleurs sénégalais et leurs cadres héroïques. Mais, il convient de durer jusqu'au jour où la nécessité apparaîtra inéluctable d'accroître les moyens militaires, où l'opinion préparée ou surprise admettra que la Côte d'Ivoire n'est ni pacifiée ni même connue, à moins toutefois que, par le fait d'une chance rare, inespérée, les incidents ne se succèdent à des intervalles suffisants pour que nous ne soyons pas débordés.

Cette situation doit se prolonger dix-huit mois, au prix d'une dépense de courage et d'ingéniosité dont nos officiers, comme les administrateurs et agents des affaires indigènes ont le droit de se glorifier. Ce temps n'est pas perdu, puisqu'il est employé à mesurer à fond le péril, à soumettre les Agnis, les Akoués, les Attiés, les Watas, les Memlés, à prendre pied plus solidement dans le Haut-Sassandra, à briser provisoirement l'élan de certaines tribus : Nanafoués, Gounanfras, Los, Ouellés. La partie est engagée partout; ce qu'il faut, c'est, pour la gagner, qu'une circonstance rende nécessaire l'augmentation des effectifs : la rébellion des Abbeys y pourvoit.

On cherche en vain comment un gouverneur aurait pu, n'étant pas le maître des événements, entreprendre — en admettant qu'elle fût reconnue opportune — une pénétration progressive et limiter les opérations. Tout au plus lui est-il loisible de choisir son heure pour porter des coups. Encore cette liberté est-elle plutôt la conséquence de l'absence d'entente entre les tribus et de l'impossibilité dans laquelle sont celles-ci de s'unir, de généraliser le mouvement. Grâce à leur division et à une activité constante, à une sorte de multiplication, d'ubiquité des troupes, la situation reste avantageuse et les indigènes ne sont pas en posture de nous imposer des interventions; ils les subissent.

***

La seconde critique porte sur la fiscalité excessive attribuée à l'administration de M. Angoulvant.

Sur ce point, on est allé fort loin, reprochant

au gouverneur de la Côte d'Ivoire d'avoir, sans tenir le moindre compte des capacités contributives de nos sujets, doublé ou tout au moins augmenté les impôts. Critique grave, puisqu'elle ne tendrait rien moins qu'à démontrer l'existence d'un abus de pouvoir.

Or, par quels textes sont réglés l'existence et le taux de l'impôt dans la colonie?

Ces textes sont au nombre de deux.

Le premier, en date du 14 mai 1901, est un arrêté local « établissant un impôt de capitation sur les indigènes à la Côte d'Ivoire » et qui est ainsi conçu :

ARTICLE PREMIER. — Est établi à la Côte d'Ivoire un impôt de capitation sur les indigènes.

Cette contribution est due par chaque habitant indigène, homme, femme, enfant âgé de plus de dix ans; elle est fixée à 2 fr. 50 par an.

Suivent des dispositions d'application dont aucune n'indique que ce taux est variable par région; il est donc aussi uniforme que celui de notre impôt personnel métropolitain.

Où voit-on, en outre, dès lors, que M. Angoulvant, créant de sa propre autorité des catégories nouvelles de contribuables a, le premier, imposé les femmes et les enfants? Ce reproche lui a pourtant été adressé et a trouvé dans la presse un large écho.

Remarquons, d'autre part, sans discuter le fait, que cette réglementation n'est nullement spéciale à la Côte d'Ivoire

Le second texte est un arrêté en date du 30 décembre 1908, du gouverneur général, pris après délibération du Conseil d'administration de la Côte d'Ivoire du 25 novembre 1908 et la Commission permanente du Conseil de gouvernement entendue. Ce nouveau règlement, en un article, est ainsi conçu :

L'impôt de capitation varie à la Côte d'Ivoire entre 0 fr. 50 et 4 fr. 50 suivant les régions. Il est fixé, chaque année par le lieutenant-gouverneur sur la proposition des commandants de cercle et perçu conformément aux rôles arrêtés et approuvés en Conseil d'administration.

Après des enquêtes approfondies faites par les administrateurs, le gouverneur Angoulvant prend au bout de neuf mois, le 18 septembre 1909, un arrêté « fixant le taux de l'impôt de capitation par cercle pour l'année 1910 » et qu'a préalablement approuvé le Conseil d'administration.

Cet arrêté, publié au *Journal officiel* de la colonie du 30 septembre, est le suivant :

Le taux de l'impôt de capitation pour l'année 1910 est fixé ainsi qu'il suit :

		fr.
Cercle d'Assinie	Population non afféma	4 50
	— afféma	2 50
Cercle de Bassam		4 50
— du Baoulé-Nord		2 50
Cercle du Baoulé-Sud	Secteur de Tiassalé	4 »
	— de Ouossou	2 50
	— de Toumodi	3 »
	— de Bonzi	2 50
Cercle de Bondoukou	Secteur de Bondoukou	3 »
	— de Bouna	2 50
Cercle du Cavally	Secteurs de Tabou, Grabo, Patokla	2 50
	— de Pagouéhi	1 50
	— de Béréby	3 »
Cercle de l'Indénié		3 »
— de Kong		2 50
— de Korhogo		2 50
Cercle de Lahou		4 50
Cercle des Lagunes	Secteurs de Bingerville, Abidjan, Adzopé, Dabou, Toupa, Alépé	4 50
	Secteur d'Agboville	3 50
Cercle du N'Zi-Comaoé	Secteurs de Bougouanou et de Dimbokro	4 »
	Secteur de Mango	3 »
Cercle de Touba		2 50
— du Haut-Sassandra		2 50
— du Bas-Sassandra		4 »
— de Mankono		2 50

Pour l'année 1911, un arrêté du 14 septembre 1910, publié au *Journal Officiel* du 15 septembre, fixe à nouveau l'impôt, par région, dans les conditions suivantes :

Cercle d'Assinie		4 50
— de Bassam		4 50
Cercle du Baoulé-Nord	Districts de Bouaké, Sakasso, M'Bahiakro, Kouadiokofi et Tiébissou	3 »
	District de Béoumi et secteur des Nanafoués	2 50
Cercle du Baoulé-Sud	Districts de Toumodi, Tiassalé	4 »
	— de Ouossou	3 »
	— de Bonzi	2 50
Cercle de Bondoukou	District de Bondoukou	3 »
	— de Bouna	2 50
Cercle du Bas-Cavally	Secteur de Grabo, Patokla, Tabou	2 50
	— de Béréby	3 »
Cercle du Haut-Cavally		2 50
Sauf pour le secteur de Pagouéhi		1 50
— de l'Indénié		3 50
— de Kong		2 50
— de Korhogo		2 50
Cercle des Lagunes	Districts de Bingerville, Adzopé, Abidjan Alépé, Dabou	4 50
	District d'Agboville	3 50
Cercle de Lahou	District de Lahou et Fresco (région côtière et lagunaire)	4 50
	District de Boudougou et hinterland de Fresco	3 50
Cercle du N'Zi-Comoé	Districts de Bougouanou et de Dimbokro	4 »
	District de Mango	3 »
Cercle de Touba		2 50
— du Haut-Sassandra		2 50
Sauf pour le secteur de Soubré		3 »
— du Bas-Sassandra		4 »
— de Mankono		2 50
Population flottante (pour toute la colonie)		4 50

On remarquera la diversité des taux, selon les régions. Ces taux sont calculés, moins d'après les ressources naturelles de chaque cercle ou partie de cercle, car les richesses latentes sont partout immenses, que d'après le degré de développement desdites circonscriptions, d'après, en un mot, les facilités qu'ont les indigènes de gagner de l'argent, facilités variables avec les moyens d'écoulement, l'état politique, la présence de commerçants européens, etc.

Ce que M. Angoulvant n'a point admis, c'est que, dans un pays où le moindre travail fournit des ressources, où des produits naturels riches et variés abondent, les contribuables soient imposés à des taux exagérément bas, hors de toute proportion avec les revenus certains de chacun. Lorsque, par exemple, dans le Baoulé, occupé depuis 1893, il n'était perçu que 0 fr. 50, 1 franc ou 1 fr. 50 par exception, il n'y avait aucun rapport entre les capacités contributives de cette région et son rendement fiscal. Le gouverneur de la Côte d'Ivoire a donc estimé justement, en 1908, qu'il n'y avait aucune raison pour ne pas appliquer l'arrêté de 1901, alors en vigueur et qui établissait un taux uniforme, impératif, de 2 fr. 50. On conçoit, du reste, que ce taux est réellement faible pour un pays aussi riche, caractère commun à toute l'Afrique Occidentale où l'impôt est remarquablement modéré.

Quant à la critique d'après laquelle la fiscalité de l'administration actuelle aurait provoqué des révoltes, elle ne résiste pas à la réflexion et à la logique, même si l'on fait abstraction de la modération du taux de l'impôt et de l'état politique du pays, maintenant connu.

Pour que cette fiscalité prétendue excessive eût, en effet, produit cet effet, il aurait été nécessaire qu'elle se fît sentir dans les régions révoltées.

Or, deux circonstances sont à observer.

En premier lieu, certaines régions se sont soulevées après avoir intégralement acquitté l'impôt de l'année, tels les pays akoués et n'gbans.

En second lieu, partout ailleurs, sauf de rares exceptions, il n'a jamais été possible de se risquer à procéder à des recensements et à demander une contribution, l'accès de ces régions étant impossible, aucune entrée en relations n'étant, par conséquent, permise. On admettra bien que, pour percevoir l'impôt, la première condition soit de pouvoir le demander ou même l'exiger.

Ajoutons qu'à aucun moment aucune rébellion ne s'est produite, du fait de l'impôt, là où celui-ci a été perçu régulièrement, au taux normal.

Il serait édifiant, au surplus, de rapprocher de la suite des incidents enregistrés à la Côte d'Ivoire les rôles établis. C'est chose aisée, car M. Angoulvant a tenu à ce que tous ces rôles, même les plus minimes, fussent, depuis deux ans et demi, publiés au *Journal officiel* de sa colonie. On peut donc suivre sans grande peine la répercussion de l'impôt sur la situation du pays.

On relève, dans l'administration de M. Angoulvant, un souci marqué de bien préciser les charges de chacun et d'éviter que les contribuables soient inégalement atteints.

Dès le 22 juillet 1908, trois mois après sa prise de fonctions, il adresse aux administrateurs une circulaire leur prescrivant de procéder à un dénombrement de plus en plus étroit de la population :

...Ce recensement, écrit-il, étant la base de toute administration, puisqu'il détermine la capacité financière et, dans une large mesure, économique de la colonie, doit constituer une de vos premières préoccupations dès qu'une circonscription vous est confiée.

...La population de la Côte d'Ivoire est déterminée jusqu'à ce jour d'une façon tout à fait approximative. Je n'ignore pas qu'en certains points le recensement est fort avancé, effectué avec un soin auquel je me plais à rendre justice ; mais ce sont là des exceptions, portant sur d'infimes portions de la colonie.

Il n'y a pas, en l'état actuel de la colonie, de recensement annuel, mais un recensement continu, car vous ne pouvez affirmer que vos informations soient actuellement assez exactes pour permettre de baser sur elles des prévisions certaines.

M. Angoulvant comprend tellement bien qu'un recensement exact est à la fois aussi avantageux pour la colonie qu'il est équitable pour les contribuables que, par décision du 21 août 1908, publiée au *Journal officiel* du 31 août, il récompense d'un témoignage de satisfaction l'initiative qu'a prise l'administrateur Aubin d'établir, dans toute l'étendue du poste de Sakasso (Baoulé), un recensement nominatif.

Cette dernière forme de dénombrement est, du reste, expressément recommandée dans les instructions locales du 26 novembre 1908 :

Le groupement des indigènes en villages, joint à l'emploi des chefs, y écrit M. Angoulvant, aurait cet autre avantage de permettre aux administrateurs de procéder, sur toute l'étendue de la colonie, au recensement nominatif des indigènes que j'ai fait entreprendre dans le Baoulé avec un succès tel que je suis décidé à le généraliser.

Je ne veux point ici discuter les mérites respectifs du recensement numérique. Je constate seulement que le premier fait ressortir sur le second des accroissements de population considérables dans les régions encore imparfaitement dénombrées et que, dans les autres, il n'est pas douteux qu'il donne à ce dénombrement une précision dont l'intérêt est aussi grand pour nous que pour les indigènes. Au surplus, le recensement nominatif constitue, en cette matière, la dernière étape du progrès et *partout où il y a été procédé on a enregistré, sinon presque toujours un rendement plus exact et plus avantageux de l'impôt, du moins une satisfaction réelle des individus, assurés de ne plus rien payer désormais au delà de ce qu'ils doivent.*

Je sais bien que le dénombrement nominatif des indigènes d'un cercle, avec les moyens dont nous disposons pour l'instant, constitue un œuvre à la fois considérable, fastidieuse et de longue haleine. Mais ce n'est pas là un motif suffisant pour nous faire reculer devant elle. D'ailleurs, les chefs de poste qui, dans le Baoulé, se sont signalés en y procédant, n'ont pas cru devoir lui sacrifier l'exercice de leurs attributions ordinaires et je ne sache pas que leur territoire ait été, de ce fait, moins bien administré que les voisins. Mais, ils y ont mis de la persévérance et ils ont procédé avec méthode. Ils ont pensé aussi que le travail pouvait n'être pas parfait dès l'abord, mais que chaque déplacement nouveau, chaque circonstance leur permettraient ensuite de le compléter et de le rectifier. Je donne leur initiative en exemple à tous. J'indique également qu'il est possible et même, dans une certaine mesure, indispensable de faire appel au concours des chefs pour y parvenir plus rapidement.

On aperçoit malaisément, désormais, le caractère d'odieuse fiscalité attribué à l'administration actuelle de la Côte d'Ivoire.

*
* *

La troisième critique adressée à cette dernière est celle qui a trait à la perception d'amendes de guerre, considérées comme exagérées, sur les groupements indigènes vaincus par nos troupes.

M. Angoulvant aurait, d'autre part, infligé des amendes de son plein gré, sans contrôle ni mesure.

Ce dernier reproche tombe *ipso facto*, si l'on veut bien envisager la procédure obligatoire en pareille matière.

Il n'appartient pas plus à un gouverneur de frapper une tribu d'une amende, qu'il ne peut élever, de sa propre autorité, le taux de l'impôt.

Le décret du 21 novembre 1904, en ses articles 3 et 4, dispose, en effet, expressément ce qui suit :

Art. 3 — Dans les cas spécifiés à l'article précédent (insurrection troubles politiques graves, manœuvres susceptibles de compromettre, la sécurité publique), il pourra être imposé aux villages sur les territoires desquels les faits se seront passés, et aux collectivités dont les membres y auront participé, *une contribution spéciale destinée à assurer à l'administration les moyens de réprimer les désordres et d'en prévenir le retour.*

Art. 4. — *Les mesures relatives à l'application des trois articles qui précèdent ou à la réduction de la durée de l'internement et du séquestre devront, à peine de nullité, faire l'objet d'arrêtés pris en Conseil de gouvernement, sur la proposition du lieutenant-gouverneur compétent et l'avis du procureur général, chef du service judiciaire de l'Afrique Occidentale Française.*

Ces arrêtés sont portés immédiatement à la connaissance du ministre des Colonies, accompagnés d'un rapport sur chaque affaire et d'une expédition de la délibération de la commission permanente du Conseil de gouvernement.

Les précautions sont bien prises pour éviter tout arbitraire. Sagement, le gouverneur général

Ponty les a accrues, en prescrivant que les propositions des lieutenants-gouverneurs en cette matière devraient être appuyées d'une délibération spéciale et favorable du Conseil d'administration de la colonie.

C'est dans ces conditions réglementaires qu'a été pris, par exemple, l'arrêté du gouverneur général du 21 juin 1910 publié au *Journal officiel* de la Côte d'Ivoire du 31 août, infligeant, pour troubles politiques graves, 284.516 francs d'amendes à divers groupements indigènes de cette possession.

Reste la question du taux des amendes qui, la précédente étant éclaircie par les textes, conserve un intérêt considérable. Elle prête d'autant plus à la controverse qu'elle est purement une affaire d'appréciation et qu'il est aussi aisé de prétendre exagéré un taux déterminé que de le considérer comme parfaitement raisonnable. On n'a certes pas manqué de reprocher à M. Angoulvant, sur la proposition de qui il a été fait usage de la procédure ci-dessus, d'avoir trop lourdement fait frapper les groupes punis de cette façon. Et l'on a non moins naturellement soutenu que cet excès dans la répression portait au commerce un grave préjudice.

Il est vraiment simple de répondre à ce dernier grief en recherchant comment le commerce pourrait être lésé par la perception d'une amende sur des populations qui sont restées jusqu'alors à l'écart de toute activité économique, ce qui est formellement le cas pour les pays attié, abbey et akoué, atteints par l'arrêté cité plus haut. De même, dans le pays agni, puni de la même manière en 1909, à la suite de la tournée de police d'octobre et novembre 1908, le commerce n'avait eu jusqu'alors aucun intérêt, cette région étant restée, comme les précédentes, fermée aux Européens antérieurement aux actions militaires.

On objectera que Dabou et Ossrou, centres de l'exploitation du palmier à huile sur la lagune Ebrié, ne se trouvent pas dans ce cas. Mais on oublie de dire que ces agglomérations ont eu à payer 75.000 francs d'amendes pour une nombreuse population, alors que celle-ci, depuis une dizaine d'années, a réalisé des bénéfices énormes, évalués approximativement par les moins optimistes à 100.000 francs par an. Or, ces sommes ont été presque intégralement enfouies et n'ont pour ainsi dire pas servi à alimenter les transactions sous forme d'achat de produits importés. C'est là un fait certain, indéniable.

Quant à la justification du procédé, elle réside dans la nécessité d'employer, à l'égard des rebelles, des moyens humanitaires qui, pourtant, constituent une sanction suffisante. Ce n'est pas seulement des annales de la Côte d'Ivoire qu'on tire la conclusion d'après laquelle une opération militaire, si elle n'est pas suivie de la reddition des armes, du paiement d'une amende et de la déportation des instigateurs, n'est pas efficace ; les adversaires ne se considèrent jamais comme des vaincus jusque-là, et l'on reconnaîtra bien, pourtant, qu'il faut, à la guerre, un vaincu comme un vainqueur. Cette nécessité est si générale qu'un décret a été reconnu indispensable pour en réglementer les conséquences.

D'aucuns sont allés jusqu'à soutenir que l'amende devait être tout au moins proportionnée aux dommages subis par nos troupes. Singulière manière de voir, analogue à la conception indigène, que celle qui fait payer le prix du sang ; mais ce n'est pas à ce point de vue que peut se placer une administration française. L'amende est une punition : elle doit donc être basée, d'une part, sur l'étendue de la faute et, d'autre part, à la fois sur les ressources indigènes et sur le montant des frais que la conduite de ceux-ci nous occasionne, comme l'exprime, du reste, implicitement l'article 3 du décret de 1904. La facilité incroyable avec laquelle les tribus ont acquitté, à la Côte d'Ivoire, les amendes qui leur étaient infligées, en dit long, au surplus, sur la modération dont a, de tout temps, fait preuve l'autorité française : en 1905, les Agbas du Sud paient, en quelques jours, 25.000 francs qui leur ont été imposés à la suite de la belle opération du commandant Betselère ; en 1906, le chef du village d'Arrah (N'Zi-Comoé) acquitte presque au comptant le montant d'une amende égale ; en 1909, les Agnis, du même cercle, se libèrent en moins d'un mois d'une amende de 97.000 francs ; cette année même, les notables d'Ossrou, loin de se prétendre écrasés par les 75.000 francs qui leur sont réclamés après deux ans d'hostilités et deux luttes ouvertes, dont l'une, en 1898, nous a coûté le tiers d'un détachement, déclarent qu'ils auraient payé sur le champ une somme de 200.000 francs si elle leur avait été réclamée en manilles, monnaie du pays dont l'acceptation par les caisses publiques est formellement interdite.

*
* *

La quatrième critique importante formulée contre M. Angoulvant porte sur les mesures qu'il a prises pour désarmer les tribus des régions douteuses ou hostiles.

Cette critique a été particulièrement vive ; elle a fait couler des flots d'encre. On s'est efforcé de montrer que le désarmement intégral était arbitraire et maladroit, autant qu'inutile.

La question des armes à la Côte d'Ivoire a été, dans le *Siècle* des 31 juillet, 7 et 14 août derniers, exposée de si magistrale façon par M. G. Boussenot, qu'il nous paraît impossible de mieux faire que de reproduire son impressionnante étude, si documentée, si pleine de bon sens et de conviction communicative :

Dans un certain nombre de nos bulletins quotidiens, écrit-il, nous avons, très sommairement d'ailleurs, exposé la situation actuelle de notre possession de la Côte d'Ivoire, hier encore en pleine effervescence et aujourd'hui en excellente voie de pacification. Nous avions alors reproduit, sans les commenter, les critiques que quelques-uns de nos confrères avaient cru devoir formuler à l'égard des procédés administratifs de M. Angoulvant, *modus faciendi* qui, d'après des renseignements puisés aux bonnes sources, aurait été, par sa brutalité et son intransigeance, la cause initiale des incidents incontestablement graves dont la colonie a été le théâtre. Parmi ces critiques, il en est une que les adversaires de la politique du gouverneur de la Côte d'Ivoire mettaient au premier plan : « En réglementant, comme vous l'avez fait, lui disaient-ils, la vente de la poudre dans le pays et en procédant au désarmement systématique des populations autorisées jusqu'alors à détenir des armes à feu, vous avez créé chez les indigènes une irritation très vive encore accrue par la façon dont vos arrêtés ont été compris et appliqués. »

Qu'y a-t-il de fondé dans ces accusations? M. Angoulvant a-t-il été le promoteur des mesures incriminées; dans l'affirmative, ces mesures étaient-elles nécessaires, opportunes, urgentes; comment les instructions qu'elles comportaient ont-elles été exécutées? Voilà autant de questions auxquelles nous allons essayer de répondre aujourd'hui, documents en mains.

Le régime des armes à feu et de la poudre depuis 1894. — Dès le début de l'occupation de la Côte d'Ivoire, les autorités, tant civiles que militaires firent tous leurs efforts pour réglementer d'une manière efficace la détention des armes à feu et des munitions en un pays où, plus que partout ailleurs, l'étendue et l'épaisseur des forêts rendaient la pénétration des Européens dangereuse. En 1894, c'est M. Lemaire, alors gouverneur, qui, par arrêté du 28 septembre pris par application du décret du 10 mars 1893, arrêté ratifié par le département, prohibait l'introduction des fusils dans la colonie et subordonnait le port et l'usage de ceux en dépôt dans les magasins de commerce, à la délivrance d'un permis.

Cet arrêté, annulé le 10 mars 1895 par M. Binger — ce dernier estimait, à l'époque, le pays entièrement pacifié et déclarait au surplus que le commerce local perdrait 300.000 francs par an si l'interdiction de vente de la poudre et des armes était maintenue — fut d'abord repris par M. Capest le 2 octobre 1899, qui ne le rendit exécutoire d'ailleurs qu'à une partie seulement de la Côte d'Ivoire, au Baoulé, alors en pleine effervescence, puis par M. Roberdeau, en avril 1900.

Deux années plus tard, le 8 mars 1902, ce dernier gouverneur, sollicité par les commerçants de la colonie, voulut revenir sur sa première décision.

Il prépara un projet d'arrêté pour rendre libre la vente de la poudre et des armes de traite, projet duquel nous extrairons cet extraordinaire passage : « Une tonne, à 10 grammes par charge, représente 100.000 coups de fusil; chaque peuplade en guerre aura toujours facilement ses deux ou trois tonnes de poudre, grâce à la fraude, et malgré la prohibition. Or, si elle a les deux ou trois tonnes utiles et dangereuses pour nous, que peuvent nous faire les centaines de tonnes en surplus? Evidemment rien. »

Raisonnement admirable que nous n'avons pu résister au désir de rapporter.

Le général Houry, alors commandant supérieur des troupes de l'Afrique Occidentale Française, dans une lettre qu'il adressa le 30 juin 1900 à M. le gouverneur général, s'éleva vivement contre cette singulière manière de voir et provoqua l'envoi au lieutenant-gouverneur Roberdeau d'une note dans laquelle M. Guy, alors gouverneur général par intérim, invita ce dernier à s'expliquer.

M. Roberdeau exposa sa thèse, fit valoir que les finances de la colonie perdraient avec le maintien des prescriptions prohibitives 210.000 francs par an (300 tonnes à 700 francs la tonne), que le commerce local en était lui-même de 1.050.000 francs, mais son projet, fort heureusement, ne sortit point de son bureau.

Puis, après une certaine période durant laquelle les gouverneurs qui se succédèrent rapportèrent ou rétablirent, suivant les circonstances, les mesures prises en 1894 par M. Lemaire — arrêtés du 6 juin 1903, 30 juillet 1905 et 20 juillet 1908 — M. Angoulvant arriva à son tour à la Côte d'Ivoire.

Un précurseur de M. Angoulvant. — Qu'il nous soit permis, avant d'entrer dans l'examen de l'œuvre accomplie par M. Angoulvant, de citer ici certains fragments de lettres officielles d'un de ses prédécesseurs, M. A. Nebout, lettres se rapportant étroitement à la question qui nous occupe.

En 1906, les commerçants de la colonie auxquels la réglementation rigoureuse considérée avait causé un assez sérieux préjudice, par suite de l'impossibilité dans laquelle ils s'étaient trouvés de vendre poudre et fusils, adressèrent au gouverneur général de l'Afrique Occidentale Française une pétition pour obtenir l'abolition d'un régime aussi fâcheux pour eux.

Le gouverneur général demanda aussitôt l'avis du lieutenant-gouverneur de la Côte d'Ivoire lequel, dans une lettre du 1er août 1906, répondit de la façon suivante :

« Vous avez bien voulu me demander mon avis sur la suite qu'il convenait de donner à la pétition des commerçants de la Côte d'Ivoire au sujet de la vente de la poudre. Par ma lettre n° 33 du 29 janvier dernier, j'avais eu l'honneur de vous exposer tout le bien qu'on pouvait espérer des prescriptions de l'arrêté du 9 juillet 1905 et j'ajoutais qu'on devait vraisemblablement attribuer à ces sages mesures la situation paisible de la colonie. Je disais encore que certains administrateurs n'avaient pas saisi toute l'importance de cette mesure et que, voulant récompenser l'attitude soumise de leurs administrés et surtout *dans le but d'activer les relations commerciales*, ils avaient autorisé la vente de quantités de poudre plus considérables qu'il n'était sage de le faire.

« Je savais en effet, par des rapports du Baoulé, qu'une partie de cette poudre était transportée dans ce cercle et les contrées voisines où elle est achetée à un prix extrêmement élevé.

« J'ai donc invité ces administrateurs à appliquer plus strictement l'arrêté du 9 juillet 1905 et j'ai cherché à leur faire comprendre qu'en *donnant trop de poudre, ils entravaient la pacification des contrées demeurées inoccupées...*

. . . .

« En définitive, on ne saurait donc accueillir la réclamation des commerçants. Pour limitée qu'elle soit, la vente de la poudre n'en continue pas moins. Et puis on se demande, devant des énormes approvisionnements du commerce, si les maisons ayant eu vent de la réglementation projetée n'ont pas fait venir un stock de poudre considérable dans l'espoir de l'écouler rapidement. Le commerce aurait voulu être prévenu, *mais j'ai la conviction que s'il l'avait été officiellement, à moins que l'importation n'ait été interdite, le stock n'aurait pas été moindre.*

« Ainsi que je vous en ai rendu compte, la vente de la poudre a cessé à la Gold-Coast, où le gouvernement avait dû céder un moment aux vives réclamations du commerce. Nous sommes donc tranquilles de ce côté, mais il n'en est pas de même, et je l'ai déjà signalé, vers le Libéria, et je crois aussi vers la Guinée française où il semblerait — et j'ai peine à le croire — que nos populations de la région ouest de la Haute-Côte aient pu s'approvisionner.

« *Signé* : A. Nebout. »

Le 26 janvier de la même année, dans une lettre adressée au gouverneur général, M. A. Nebout s'exprimait ainsi, quant aux doléances exprimées par les commerçants installés dans la colonie :

... Le commerce de la Côte d'Ivoire voit sans satisfaction les mesures réglementant la vente de la poudre. *Il n'apprécie que le profit immédiat* et les bienfaits des mesures dont les résultats sont encore un peu éloignés lui échappent. Et cependant l'ouverture au commerce des contrées encore indépendantes augmentera, dans des proportions qui dépasseront de beaucoup les gains de la vente de la poudre, le mouvement des importations et des exportations. Le budget local verra aussi augmenter ses ressources par le paiement général de l'impôt.

Ce langage, empreint de modération et de bon sens, est à rapprocher de celui de M. le gouverneur Binger et de celui du gouverneur Roberdeau — de M. Roberdeau seconde manière bien entendu.

Les projets de M. Angoulvant. — Comme on a pu s'en rendre compte par ce court exposé, M. Angoulvant ne fut assurément pas le premier à se préoccuper de la question de l'introduction et de la circulation des armes à feu et de la poudre dans la colonie. D'autres administrateurs avant lui s'étaient efforcés de solutionner cette question délicate, d'autres également avaient été touchés par les réclamations des commerçants de l'endroit, auxquels les arrêtés prohibitifs causaient un préjudice assez considérable. Voyons maintenant comment il inaugura sa politique et comprit son action.

L'œuvre de M. Angoulvant. — Nous ne nous étendrons pas aujourd'hui sur ce qu'était la situation politique, sociale et administrative de la Côte d'Ivoire, quelques mois après l'arrivée à Grand-Bassam de M. Angoulvant. Cette situation, le gouverneur l'indiqua dans une lettre qu'il adressa, le 26 novembre 1908, aux chefs de service, de cercles et de postes et aux membres des Comités consultatifs de l'agriculture, du commerce et de l'industrie.

Si écrivait-il en substance, les cercles de Bassam, d'Assinie, de l'Indénié, de Boudoukou, de Kong, de Korhogo, de San-Pedro étaient à peu près occupés et pacifiés, ceux, par contre, du N'Zi-Comoé, de de Lahou, du Cavally, du Ouorodougou, de Sassandra et des Lagunes — ce dernier est celui de la capitale Bingerville — l'étaient infiniment moins.

Point n'est besoin, sans doute, de rappeler ici les grosses difficultés rencontrées par nos troupes quand elles durent pénétrer dans ces régions jusqu'alors fermées à toute influence européenne. En seize mois, nous eûmes à enregistrer vingt-deux tués, dont trois officiers, et soixante et un blessés, soit au total quatre-vingt-trois hommes mis hors de combat, c'est-à-dire plus du quart des pertes subies par le corps de débarquement de Casablanca!

L'examen de la situation convainquit M. Angoulvant de la nécessité qu'il y avait de retirer aux indigènes des régions insoumises les moyens de poursuivre contre nous une lutte meurtrière, en les privant du droit de détenir des armes à feu. Par une circulaire du 31 août 1908, il avait déjà fixé à 500 grammes la quantité maximum de poudre à délivrer aux habitants possesseurs de fusils déclarés et taxés résidant dans les cercles non totalement pacifiés.

C'était encore insuffisant tant le nombre des armes en service était grand, tant les stocks de poudre en réserve étaient considérables... et cela grâce à la contrebande qui s'opérait au Nord, par le Haut-Sénégal et Niger, au Sud par la mer, à l'Est par la Côte d'Or, à l'Ouest par le Libéria. Voici, à cet égard, quelques chiffres intéressants :

Etat des fusils à silex importés et déclarés et de la poudre introduite depuis 1899.

Années	Fusils	Poudre
—	—	—
1899.......	19.808	286.215 kg.
1900.......	6.457	71.308
1901.......	9.539	83.622
1902.......	17.728	301.434
1903.......	9.076	159.724
1904.......	10.162	251.222
1905.......	10.844	139.011
1906.......	1.196	15.862
1907.......	3.054	4.990
1908.......	869	5.198
	88.233	1.319.486

1.319.486 kilogrammes de poudre représentent 131.948.600 coups de fusil. Il est à remarquer que ces quantités n'ont pas été consommées dans l'année même de leur importation et que des stocks en entrepôts furent constitués qui s'écoulèrent jusqu'au jour où la vente fut interdite.

Bref M. Angoulvant en vint à considérer que les mesures prises successivement étaient insuffisantes et il décida d'aller plus loin encore dans la voie où ses prédécesseurs et lui s'étaient engagés.

Après s'être rendu compte de l'inefficacité des mesures prises par lui pour ramener le calme et la tranquillité dans des régions dont l'hostilité avait sa source dans les moyens dont les habitants de ces régions disposaient pour s'opposer à toute pénétration pacifique, M. le gouverneur Angoulvant se décida à agir avec plus d'énergie encore. Le 20 juillet 1908, c'est-à-dire quelques semaines après son arrivée, il avait fait paraître un arrêté établissant une taxe sur les armes à feu détenues par les indigènes. Cet arrêté, dont l'intention véritable était plus politique que fiscale — c'était une façon assez élégante de faire diminuer le nombre des armes en usage et de contrôler ceux les possédant — demeura, un an après sa mise en vigueur, sans effet utile. Seules, les populations soumises et en bons termes avec l'administration locale s'y étaient conformées, alors que les autres, les irréductibles, s'étaient, elles, bien gardées d'apporter leurs fusils aux fonctionnaires chargés de les poinçonner. En présence de l'évident mauvais vouloir de ces dernières, M. Angoulvant fit paraître, à la date du 21 août 1909, un arrêté, le 536 G, interdisant d'une façon absolue la détention d'armes à feu dans un certain nombre de régions nommément désignées : circonscriptions des postes d'Alépé, d'Adzopé, d'Agboville et de Toupa; cercle du N'Zi Comoé; zone située en bordure du Bandama, dans les cercles du Baoulé-Nord et du Baoulé-Sud; cercles du Haut-Sassandra et pays gouro, de Lahou (pays dida), de Touba (circonscriptions des postes de Danané et de Man), du Cavally (circonscription du poste de Pagouehi); soit sur un territoire représentant à peu près le quart de la surface totale de la Côte d'Ivoire. Cette précision est importante, car elle est de nature à répondre à l'objection que les contempteurs de l'œuvre commencée par le gouverneur de la colonie ont soulevée au sujet de la mesure prise par ce dernier et concernant l'interdiction faite à certaines populations de posséder des fusils, mesure qui, par voie de conséquence, entraîna le désarmement de ces populations.

On a dit et répété à satiété à M. Augoulvant : « Vous avez soulevé contre vous nombre d'indigènes, parce qu'après les avoir par votre arrêté du 20 juillet 1908, invités à payer la taxe pour les armes détenues, vous les avez, ensuite, par vos dispositions du 21 août 1909, obligés à vous remettre ces mêmes armes. » Le simple examen des faits montre que cet argument ne tient pas : 1° parce qu'une partie seulement des habitants de la colonie — dans la proportion que nous avons indiquée plus haut — ont été mis en demeure de livrer leurs fusils; 2° parce que les indigènes qui furent ainsi tenus d'obéir aux injonctions impératives de l'administration étaient précisément d'une façon générale ceux qui n'avaient ni déclaré — et pour cause! — les armes dont ils étaient détenteurs, ni dès lors acquitté la taxe au paiement de laquelle ils étaient astreints.

Dès le début, M. Ponty fait siennes les intentions de M. Angoulvant. — Cette mesure, évidemment grave, mais nécessaire, reçut, contrairement à ce que certains ont pu dire, l'entière approbation du gouverneur général à l'examen duquel elle fut soumise en temps voulu. Voici, en effet, à l'appui de cette affirmation, un fragment de la lettre n° 365 qu'envoyait à la date du 23 juillet 1909 M. Merlaud-Ponty à M. Angoulvant : « Par lettre n° 106 T. G. du 26 juin 1909 vous m'avez entretenu des mesures à prendre pour hâter la pacification des régions encore réfractaires à notre autorité et de l'opportunité qu'il y avait à interdire la détention des armes à feu dans les parties de votre colonie où la situation politique paraîtrait rendre cette mesure nécessaire.

« J'ai l'honneur de vous faire connaître que je partage votre manière de voir, qui me paraît correspondre en tous points à l'exécution du programme d'occupation progressive que vous poursuivez. »

Comme, d'autre part, M. Angoulvant n'ignorait point que la mise en application de ses nouvelles dispositions prohibitives allait jeter un léger émoi dans le monde commercial, habitué à céder un grand nombre de fusils de traite et une grosse quantité de poudre aux indigènes, il tint à le prévenir pour que, de leur côté, les factoreries ne reçoivent plus les armes et les munitions qu'elles étaient accoutumées à vendre.

Dans sa circulaire du 28 août 1909, le gouverneur de la Côte d'Ivoire priait MM. les commandants de régions et de cercles de « bien vouloir aviser les commerçants de leurs circonscriptions des mesures qui allaient être incessamment prises, de façon qu'ils ne constituent pas des stocks de fusils et de poudre qui leurs resteraient pour compte ».

Ce que fit M. Angoulvant pour empêcher la fraude. — Cet ensemble de mesures, en dépit de leur stricte application, serait encore demeuré sans effet *absolu*, si les indigènes avaient conservé l'espoir de se procurer clandestinement des armes et des munitions, grâce à une fraude qui n'aurait pas été énergiquement réprimée.

Pour agir avec efficacité contre cette fraude, deux moyens s'offrirent à l'intelligente initiative de M. Angoulvant : le premier, d'ordre intérieur, si nous pouvons dire, consista à se montrer très sévère dans l'application des pénalités encourues par les délinquants. A cet effet, le gouverneur de la Côte d'Ivoire adressa, le 2 septembre 1909, aux administrateurs et commandants de cercles relevant de son autorité, une nouvelle circulaire, dont nous extrayons le passage suivant :

... « Vous êtes, déclare M. Angoulvant à ses subordonnés, fort bien armés pour réprimer la fraude, par l'article 2 du décret du 4 mai 1903, dont les pénalités paraissent suffisantes, à la condition qu'elles soient appliquées, ainsi que le commandent les circonstances, dans toute leur rigueur.

« Il ne s'agit pas, en effet, et en la matière, d'envisager le délit en lui-même et de le punir comme la fraude qui a pour but d'échapper au fisc ou à un contrôle ennuyeux; la question est plus haute, car il faut faire cesser à tout prix une contrebande organisée principalement contre le maintien de notre domination, en un mot une véritable contrebande de guerre.

« Aussi j'ai l'honneur de vous prier de veiller à ce que les tribunaux que vous présidez appliquent aux délits de l'espèce, quelle que soit d'ailleurs leur importance quant aux quantités fraudées, le maximum des peines prévues par le législateur. J'ai la conviction que la perspective de nos sanctions — lorsque quelques condamnations les auront fait connaître aux indigènes — réfrènera l'ardeur des fraudeurs et de leurs complices. La méthode employée dans un cercle de l'intérieur a eu non seulement d'excellents effets à cet égard, mais elle a incité les habitants paisibles, peu désireux d'avoir des compromissions dangereuses, à dénoncer et à livrer les contrebandiers à l'autorité. »

Signé : ANGOULVANT.

Quant au second procédé employé par l'honorable gouverneur, il tient en ces deux mots : obtenir des régions ou colonies voisines de la Côte d'Ivoire qu'elles veillent à ne point laisser passer d'armes et de munitions dans les territoires qu'il voulait désarmer.

Ce fut l'origine d'une série de négociations, d'abord avec les autorités de la Guinée française, puis avec celles de la Gold Coast et du Liberia.

Avec la Guinée française, la tâche fut relativement facile. M. Angoulvant ayant, par télégramme du 31 août confirmé par lettre du 24 septembre 1909, demandé à M. Ponty de vouloir intervenir auprès de l'honorable M. Liotard, alors lieutenant gouverneur de la colonie précitée, celui-ci envoya des ordres très précis et très fermes pour que « tous les postes de douanes situés sur la frontière séparant la Haute-Guinée de la Côte d'Ivoire exercent vis-à-vis des dioulas (marchands indigènes) la surveillance la plus active, afin qu'aucune quantité de poudre ne puisse pénétrer dans la Côte d'Ivoire par cette partie de la frontière ».

Cette surveillance, ajoute M. Liotard dans une circulaire — celle du 13 septembre — est difficile, mais elle est indispensable au maintien de la tranquillité dans le pays voisin.

Un mois auparavant, la haute administration guinéenne, alors dirigée intérimairement par M. le secrétaire général, aujourd'hui député, Veillat, avait dû intervenir auprès des commerçants de sa région, lesquels n'avaient point hésité à introduire des armes *perfectionnées*

... *Malgré cette prohibition* (*d'armes à tir rapide*) *formelle, le commerce local s'est peu à peu habitué à importer dans le pays des caisses de fusils perfectionnés tels que* Winchester, Remington, *à percussion centrale, des balles, des capsules et* même des cartouches de guerre, *et à demander ensuite leur mise en consommation.*

Sans commentaires, n'est-ce pas?

M. Ponty approuve et synthétise en un arrêté toutes les mesures prises. Nous n'en finirions pas si nous voulions énumérer ici tous les efforts faits par M. Angoulvant pour protéger sa colonie contre l'introduction possible d'armes et de munitions par la voie des régions ou pays limitrophes. Le 3 mars dernier, le gouverneur général Ponty récompensait ces louables efforts en prenant, sur la proposition du gouverneur de la Côte d'Ivoire, un arrêté d'ensemble ainsi conçu :

Le gouverneur général de l'Afrique Occidentale Française.

Vu le décret, etc...
Vu, etc...

Arrête :

Article premier. — L'importation dans la colonie de la Côte d'Ivoire, tant par le littoral que par les frontières de la Gold Coast et du Libéria, des armes à feu non perfectionnées, est interdite à partir du 1er mai 1910.

Art. 2. — Le lieutenant-gouverneur de la Côte d'Ivoire est chargé de l'exécution du présent arrêté qui sera publié, enregistré et communiqué partout où besoin sera.

Dakar, le 3 mars 1910.

Signé : W. PONTY.

Mais M. Angoulvant, aussi tenace dans ses desseins qu'énergique dans son action, ne s'estima point encore satisfait, et après avoir, à nouveau, sollicité le concours de M. Ponty, il obtint de ce dernier que son collègue du Haut-Sénégal-Niger fit exercer par ses agents une surveillance particulièrement attentive sur le commerce des armes dans les régions voisines de la Côte d'Ivoire.

Pour que la mesure eût été complète, il aurait fallu — la république du Libéria, dans son *joint-resolution* du 12 février 1910 avait prohibé la vente des fusils, capsules, cartouches, pierres à feu, poudres de chasse et de guerre dans toute l'étendue de son territoire —

que la Gold-Coast, colonie anglaise limitrophe, à l'Est de la Côte d'Ivoire eût, elle aussi, procédé à une pareille réglementation. Or, on le lui demanda en haut lieu, mais on se heurta à une fin de non-recevoir, et cela pour une raison qui est tout entière dans l'intéressante lettre qu'adressa, le 7 mars 1895, le ministre des Colonies à l'honorable gouverneur de la Côte d'Ivoire et dans la réponse que le second fit au premier, quelques jours après :

MINISTÈRE DES COLONIES

—

Paris, le 7 mars 1895.

Direction politique et commerciale.

—

Bureau de l'Afrique

Monsieur le gouverneur,

M. l'ambassadeur d'Angleterre à Paris vient de signaler à M. le ministre des Affaires étrangères le prix que son gouvernement attacherait à ce que, par voie d'entente réciproque, des dispositions pussent être prises, afin d'interdire, dans une période déterminée dont la durée n'excéderait pas 10 à 12 mois, le commerce des armes et des poudres de traite dans nos possessions de la Côte d'Ivoire, ainsi que dans la colonie anglaise de la Côte d'Or.

J'ai l'honneur de vous prier de vouloir bien me faire connaître d'urgence votre opinion personnelle sur l'accueil qui vous paraît devoir être fait aux propositions du gouvernement britannique. Je vous laisse le soin d'apprécier si, en raison surtout des opérations de la colonne de Kong, nous n'aurions pas intérêt, dans les circonstances actuelles, à entrer dans les vues du gouvernement anglais.

Recevez, Monsieur le gouverneur, les assurances de ma considération la plus distinguée.

Le ministre des Colonies,
Signé : CHAUTEMPS.

A cette communication, le gouverneur intéressé — c'était alors M. Binger — répliqua en disant qu'il ne croyait pas utile de lui donner suite. Quinze années plus tard, le gouvernement anglais, cette fois sollicité par nous, devait nous répondre d'identique façon.

. . . .

Telle est la tâche qu'avec le concours de ses distingués collègues Clozel et Liotard et avec l'approbation de son chef direct, M. le gouverneur général Merlaud-Ponty, l'honorable M. Angoulvant, accomplit en moins de vingt mois.

Dans les articles que nous avons consacrés à cette question si complexe et dès lors si controversée, de l'introduction et de la vente des fusils et des munitions à la Côte d'Ivoire, nous avons successivement examiné : 1° ce qu'avait été le régime des armes à feu et de la poudre dans cette colonie avant l'arrivée de M. Angoulvant ; 2° les diverses phases de l'œuvre entreprise par ce dernier avec l'approbation entière du gouverneur général de l'Afrique Occidentale Française, M. Merlaud-Ponty, en vue d'occuper effectivement et avec le minimum de dommages et de pertes les territoires confiés à sa garde.

Cette œuvre-là, d'un accomplissement pas toujours facile, comme on a pu le voir, quelles critiques sa réalisation a-t-elle soulevées, quels résultats a-t-elle produits ?

Les mesures de M. Angoulvant et le commerce local. — Les mesures prises par l'honorable M. Angoulvant — réglementation de la vente de la poudre et du port de fusils désarmement des indigènes dans certaines régions nommément désignées — ont créé chez les Noirs un malaise, une effervescence, qui est allée parfois jusqu'à la révolte ; elles ont, au surplus, indisposé le négoce local et porté une entrave sérieuse aux échanges commerciaux ; enfin, elles sont demeurées sans résultats probants. Tels sont les reproches que formulent, non sans vivacité, les détracteurs de l'œuvre tentée et à l'heure actuelle, en bonne voie d'accomplissement, par M. Angoulvant.

La réglementation nouvelle a causé, dit-on, certain préjudice aux commerçants locaux qui ont, dès le début, protesté contre son application. Certes, il est un fait qui n'est point niable : les factoreries qui écoulaient jadis un chiffre extrêmement élevé de fusils et une quantité non moins considérable de poudre dans les zones où elles avaient eu la possibilité de s'installer, ont vu, depuis l'arrivée de M. Angoulvant, leurs ventes et, dès lors, leurs bénéfices notablement baisser. Mais quand on se rend compte des difficultés d'accès de certaines parties de cette colonie du fait de la résistance opiniâtre qu'ont toujours opposée leurs habitants, quand on récapitule toutes les pertes qu'ont dû subir nos troupes, pour traverser et occuper ces mêmes zones qu'il était impossible de laisser plus longtemps fermées à notre influence, peut-on dire que le souci de ne point léser momentanément les intérêts, très respectables sans doute, du commerce local devait être plus fort que celui d'établir définitivement notre autorité en des régions qui s'étaient jusqu'alors refusées à la reconnaître ?

En l'occurrence, un dilemme se posait : ou il fallait laisser vendre autant d'armes et de poudre qu'auparavant à des indigènes qui s'en servaient pour nous combattre et nous tuer tirailleurs et Européens, ou il fallait, en interdisant ce genre de négoce dans les pays foncièrement et irréductiblement hostiles, mettre nos troupes en excellente posture pour accomplir, avec le minimum de risques et de dangers, leur mission, déjà fort difficile en elle-même, de pénétration et de conquête.

Nous faisons à ceux de nos compatriotes installés là-bas et aux sociétés commerciales qui se sont constituées pour faire les affaires de leurs actionnaires l'honneur de penser et de croire qu'ils préféreront vendre momentanément moins de fusils et moins de poudre et voir tomber moins de nos gens.

Le désarmement ne s'applique qu'aux régions hostiles. — Autre point. Les nouvelles mesures prises ont créé chez les indigènes une vive irritation du fait de l'obligation dans laquelle on les a mis de rendre des fusils pour lesquels ils avaient acquitté une taxe déterminée. Comme nous le disions déjà dans notre précédent article, cet argument ne tient pas devant l'examen consciencieux des faits. L'arrêté du 20 juillet 1908 avait frappé d'une taxe de cinq francs chaque fusil au propriétaire duquel, d'ailleurs, l'administration délivrait un permis de port d'arme. L'arrêté du 21 août 1909, lui, intima l'ordre aux habitants d'un *certain nombre de circonscriptions et de cercles* en état de demi-rébellion de remettre leurs armes. Or, ceux-là étaient précisément des indigènes qui n'avaient point déclaré — et pour cause ! — celles dont ils étaient détenteurs et qui, dès lors, n'étaient point bénéficiaires de permis.

Dans les régions tranquilles, où aucun trouble n'était à craindre, et là où, par conséquent, les Noirs s'étaient conformés aux prescriptions de l'arrêté du 21 août 1909, les fusils de traite et même perfectionnés demeurèrent aux mains de leurs propriétaires.

Et ce désarmement était-il donc si nécessaire, objecteront encore ceux qui prétendent diriger les affaires d'une colonie comme la Côte d'Ivoie, à distance, du fond d'un confortable bureau ?

Qu'ils se reportent aux incidents graves qui se déroulèrent l'an dernier dans le pays, et ils verront s'il y a eu, dans l'acte longuement réfléchi de M. Angoulvant, quelque chose qui ressemble à un geste impulsif ou à un coup de force. En 1909, les Agbas, vaincus en 1905 par le commandant, aujourd'hui lieutenant-colonel, Betselère, mais non désarmés, se soulevèrent à nouveau et nous infligèrent des pertes sérieuses : la même année, les Gouros déclaraient à l'administrateur du cercle du Haut-Sassandra et du pays gouro qu'ils ne reconnaîtraient notre suprématie qu'après avoir été battus trois fois. Rappelons-nous enfin la malheureuse affaire d'Ouossou (24 juillet 1909), au cours de laquelle le Sénégalais Ali-Seck dut être livré aux Assabous pour éviter un effroyable massacre de colporteurs sur la ligne d'étapes du Baoulé. Rien de semblable ne se serait certainement produit si, après la conquête de ce même Baoulé — laquelle dura près de huit années — les indigènes avaient été mis dans l'obligation de livrer leurs armes. C'est d'ailleurs ce tragique épisode qui détermina M. Angoulvant à prendre, après plusieurs mois d'hésitation, son arrêté du 21 août 1909. Il se rendit compte du danger qu'offrait pour la colonie la détention de plus de 150.000 fusils par des tribus dont le moindre incident pouvait réveiller les désirs sanguinaires et les instinct guerriers.

A l'heure actuelle, le désarmement s'opère sans écart et sans à-coup. Près de 30.000 fusils avaient été, en mai, rémis aux autorités administratives locales. Les Abbeys, vaincus, en auraient, eux aussi, apporté un certain nombre et c'est là le signe — auquel les gens avertis ne se trompent pas — de la soumission définitive, de la véritable abdication.

Conclusion. — Deux mots seulement pour conclure.

Dans cette étude, peut-être plus longue que nous l'aurions voulue, mais dans laquelle nous avons tenu à incorporer des textes officiels, précis, nous avons successivement montré : 1° que l'œuvre tentée par M. Angoulvant avait été préconisée par certains de ses prédécesseurs ; 2° que cette œuvre, fruit de sérieuses réflexions, avait été commencée et poursuivie avec l'entière approbation de l'honorable M. Merlaud-Ponty, gouverneur général de l'Afrique Occidentale Française, chef direct de M. Angoulvant ; 3° que ni le commerce local, ni les indigènes *paisibles* et vivant en bonne intelligence avec l'administration n'avaient eu à souffrir de la mise en application des nouvelles mesures réglementant l'introduction et la vente des armes et de la poudre dans la colonie ; 4° que ces mesures avaient eu, au contraire, un effet bienfaisant sur la mise en valeur de la Côte d'Ivoire dont le chiffre global des échanges — importations et exportations — s'était considérablement accru en ces tout derniers temps. Et cela s'explique d'une façon bien facile. Nombre d'indigènes, réputés à juste titre pour nous avoir résisté vigoureusement, se sont inclinés devant l'impossibilité matérielle de poursuivre la lutte et, de guerriers qu'ils étaient auparavant, ont commencé à se transformer en agriculteurs. Autour des villages ont été entreprises des cultures vivrières en voie de développement continu et, quand nous serons parvenus à inculquer à leurs habitants nos méthodes d'élevage, l'intérêt qu'ils porteront à leur sol et à leurs biens nous sera vraisemblablement un garant sûr de leur tranquillité définitive.

Cette intéressante étude se suffit à elle-même. Si nous croyons devoir y ajouter quelque chose, c'est pour répondre à certaines théories ou critiques qui ont été émises à propos du désarmement.

On a prétendu que cette mesure aurait été appliquée sans coup férir, sans effusion de sang, si l'administration locale avait offert aux indigènes de leur rembourser le prix des armes contre la livraison de ces dernières. La prétention est généreuse ; elle part d'un bon sentiment, mais elle est du pur domaine du rêve et aucun administrateur, aucun officier ne la verra émettre sans un sourire.

Le désarmement n'est pas, en effet, à la Côte d'Ivoire, une mesure préventive, mais la conséquence d'une situation qui n'est autre que l'état de guerre caractérisé. Cela est si vrai qu'il s'opère exclusivement dans les régions de la forêt et du Baoulé, là où nos troupes ont à intervenir, là où elles ont combattu sans effet depuis quinze ans, et qu'il est inapplicable — aux termes mêmes et formels des arrêtés et de la circulaire du 21 août 1909 de M. Angoulvant — aux cercles pacifiés. Nous renvoyons au récit des faits ceux qui croiraient que le désarmement s'est opéré dans des régions où une lutte acharnée, poursuivie sans relâche de 1893 à 1908, n'a pas amplement justifié le retrait des armes.

Je n'ai pas étendu, dit la circulaire ci-dessus, l'interdiction aux cercles de Korhago, de Kong, de Mankono, de l'Indénié, d'Assinie, de Bassam, à la majeure partie des cercles du Baoulé-Nord, du Baoulé-Sud et du Cavally, aux territoires des postes de Bingerville, de Dabou et de Toupa, à la partie lagunaire du cercle de Lahou. J'ai excepté également le cercle du Bas-Sassandra. *Point n'est besoin, en effet, de témoigner de la méfiance aux populations qui ne nous donnent aucun sujet de mécontentement. Les indigènes des régions du Nord en particulier, accoutumés de longue date à posséder une arme à feu dont ils ne font pas mauvais usage, seraient en droit de trouver dans une telle mesure une cause de perturbation susceptible de remettre en état les avantages que nous avons péniblement acquis.*

Il est vrai que le désarmement fut ensuite appliqué à la totalité des cercles du Baoulé-Nord, du Baoulé-Sud et des Lagunes, mais ce fut en raison de l'attitude hostile prise par les populations de certaines parties de ces régions, populations qui n'ont aucun trait commun avec les populations du Nord, fidèles et agricoles.

Nous ne voyons pas bien, dans les parties de la colonie où le retrait des armes est de rigueur, un administrateur offrant aux indigènes la cession de leurs armes contre argent comptant. Il serait, tout d'abord, dans l'impossibilité matérielle de faire cette offre, le contact étant pratiquement supprimé dans des régions en état de guerre. D'autre part, en admettant qu'une telle proposition puisse être faite, il n'est pas un chef en mesure de la faire adopter par la masse, faute d'autorité et parce qu'il deviendrait aussitôt suspect. Enfin, sur quelle base se ferait le remboursement? Le prix d'un fusil varie en moyenne de 10 à 25 fr. En estimant à 100.000 le nombre des armes détenues par les indigènes, nous restons dans les propres limites fixées par M. Angoulvant. La colonie aurait donc à payer au minimum 1.000.000, au maximum 2.500.000 francs. Somme énorme pour un budget de 4.800.000 francs. Conséquence fâcheuse autant que certaine : l'autorité donnerait, en agissant ainsi, une impression nette de sa faiblesse à des indigènes arrogants, dont la plus grande partie, de ce seul fait, repousserait l'offre. Qui déterminerait, en outre, la valeur de chaque arme? Une facture? L'indigène n'en a point. Une estimation faite d'un commun accord? Elle ne se ferait pas et l'on voit mal un administrateur supputant le prix de quelques milliers de fusils, discutant, marchandant, perdant de son prestige, sacrifiant son temps, soulevant mille palabres. Une estimation laissée au gré de l'indigène? Mais il demanderait le maximum, n'en démordrait pas et aurait raison. Une estimation fixée par l'administrateur? Mais elle serait toujours, aux yeux de l'indigène, abusive et arbitraire ; il n'y a pas de demi-arbitraire et le mécontentement qu'il entraîne est égal dans tous les cas.

On a dit aussi que l'administration aurait dû rembourser au moins le montant de la taxe payée par le possesseur de fusil, en vertu de l'arrêté local du 20 juillet 1908. En premier lieu, nous ferons remarquer que cette taxe n'a été perçue que dans les cercles où l'état politique la rendait possible. Elle a été prévue aux budgets de 1909 et 1910 pour une somme de 180.000 francs, soit le montant de 36.000 fusils. Voici en quels termes, dans l'exposé des motifs du budget de 1910, M. Angoulvant s'exprime à ce propos, le 24 juin 1909 :

Les recettes effectuées, pour un seul trimestre, en 1908, se sont élevées à 119.000 francs. Il est donc à présumer que les prévisions pour 1909 seront largement dépassées. Je n'ai pas cru devoir tenir compte de cet excédent probable pour 1910. La taxation des armes a été, à mon sens, une mesure provisoire, en même temps qu'une spéculation, fort légitime, d'ailleurs, sur la passion qu'ont les indigènes pour les engins de ce genre, mais j'estime que la tolérance dont ils bénéficient à cet égard est pernicieuse au point de vue politique comme au point de vue économique. Il n'est pas douteux que le jour où nos sujets n'auraient plus de fusils, non seulement les tentatives insurrectionnelles cesseraient d'avoir la moindre chance de succès, mais encore la sécurité des personnes et des biens acquerrait des garanties qu'elle n'a pas aujourd'hui. Les attentats dont les colporteurs dioulas sont encore les victimes deviendraient beaucoup moins fréquents et la confiance qu'en auraient ces intermédiaires se répercuterait heureusement sur le mouvement commercial. D'autre part, avec leurs armes à feu, dont ils aiment à faire usage par-dessus tout, les autochtones se livrent par trop exclusivement au plaisir de la chasse, qui devient ainsi pour eux une source exclusive d'alimentation. Dépourvus de fusils, ils continueraient à chasser comme ils le faisaient autrefois et le fait encore aujourd'hui la masse des moins favorisés, dépourvue d'armes à feu, mais ils seraient amenés, par la force des choses, à demander à des occupations, moins nobles peut-être, les éléments de leur vie matérielle : exploitation des produits naturels du sol, création de cultures vivrières et industrielles, etc. Il en résulterait une modification profonde et avantageuse de l'organisation sociale de certaines tribus, dont les membres méprisent actuellement tout travail manuel et, sous prétexte de se procurer des moyens d'existence, vivent par petits groupes disséminés et indépendants, réfractaires à toute idée de progrès. Cette modification s'est, d'ailleurs, réalisée dans le Baoulé, dont les habitants, après la suppression provisoire de la vente de la poudre, nécessitée par la conquête du pays, ont été réunis dans des centres importants et sont devenus de paisibles agriculteurs.

Dans le projet de budget de l'exercice 1911, *la taxe sur les armes est prévue pour* 30.000 *francs seulement* et M. Angoulvant écrit, le 8 juin dernier :

Cette importante différence en moins (150 000 francs sur 1910) résulte de la suppression de la taxe sur les armes dans les circonscriptions où a été effectué le désarmement.

Déjà, dans l'exposé des motifs du budget de 1910, je développai les considérations qui militaient en faveur d'une mesure, condition essentielle de la pacification. Cette mesure, réalisée en principe, le sera en fait, *sur tous les territoires où elle sera reconnue nécessaire*, avant quelques années ; à ce moment, il sera possible de dire que notre autorité est définitivement assise et qu'elle n'est plus à la merci d'un mouvement de mauvaise humeur de nos sujets, provoqué soit par les excitations d'un féticheur, soit même, tout simplement, par des libations exagérées. L'ère de la paix s'ouvrira, comme aussi celle de la prospérité, celle-ci étant le corollaire de celle-là. Aux occupations de la guerre et de la chasse, les indigènes devront substituer celles moins nobles, mais combien plus fécondes, des travaux agricoles ou industriels : ils deviendront aptes à subir l'action de notre œuvre civilisatrice.

Voici encore une fois bien montré le caractère exceptionnel et nécessaire du désarmement. Celui-ci n'est pas, ne peut pas être le fruit d'une entente entre l'autorité française et les indigènes rebelles. Il constitue une mesure de police, de sécurité générale, d'intérêt public, au point que l'introduction des armes et de la poudre est officiellement qualifiée : « contrebande de guerre ».

Veut-on, dès lors, qu'on rembourse à des ennemis les taxes acquittées par eux — ceci dit seulement pour les indigènes de certaines parties des Lagunes ou du Baoulé qui ont payé le droit de port d'arme et ont dû ensuite être désarmés en raison de leur attitude — lorsque ces ennemis sont privés, à la suite de faits de guerre, de la tolérance dont ils bénéficiaient? A cela nous répondrons en demandant si l'Etat français rembourse à un citoyen détenteur d'un fusil, lorsque celui-ci est confisqué pour abus, excès ou crime, le prix de cette arme et le montant des taxes acquittées antérieurement à la confiscation, s'il s'agit d'un fusil de chasse? Pour généraliser la question, nous demanderons aussi si, à la suite d'une guerre, les puissances victorieuses remboursent aux puissances vaincues le prix des fusils pris aux armées défaites. L'état de guerre, comme les exigences de la police, justifie des mesures normales, admises par tous, et que l'on trouve arbitraires, odieuses, appliquées à des indigènes qui nous combattent.

On a soutenu également que le désarmement était une atteinte portée aux traditions indigènes et à l'exercice des coutumes, par suite une disposition essentiellement impolitique. M. Angoulvant a, par avance, réfuté cette critique dans sa circulaire du 21 août 1909, lorsqu'il dit :

Si l'on objectait qu'une telle mesure porte atteinte aux coutumes locales, en privant les individus du plaisir de faire parler la poudre dans les circonstances solennelles, je répondrais que les coutumes sont plus anciennes que l'usage de la poudre dans le pays; que les Baoulé, quand ils ont manqué de cette dernière, n'ont pas renoncé aux traditions et qu'au surplus les traditions elles-mêmes ne méritent pas de nous entraver si le maintien doit avoir pour contre-partie des abus et des crimes. J'ai dit, dans mes instructions du 26 novembre 1908, ce que je pensais d'une politique conservatrice et rigide, lorsque celle-ci consacre des excès et s'oppose au progrès de la civilisation.

Enfin, il convient de répondre à l'objection faite par certains, relativement à l'efficacité du désarmement. « Celui-ci, ont-ils prétendu en propres termes, n'est, ne peut être qu'illusoire... Il ne peut s'opérer qu'en partie. Dans les cercles occupés militairement, dans les villages de la plage et dans ceux qui nous sont plus directement soumis, on enlève un certain nombre de fusils. Mais le Noir rusé a eu soin de garer les meilleurs et de n'abandonner que les rouillardes. »

Cette remarque est, sans nul doute, l'effet d'une naturelle et patriotique appréhension. Qu'on se rassure toutefois. Les « rouillardes » n'entrent pas dans le décompte des armes détruites; elles sont reçues, mais leur remise n'est pas considérée comme une livraison efficace et, le nombre des fusils possédés étant relativement aisé à connaître dans un pays où chaque adulte possède son arme, l'erreur n'est guère possible. Ne sont donc comptés que les fusils en état de parfait usage.

S'il était besoin de prouver que le désarmement fut bien accueilli dans la colonie, hors de l'administration, nous en trouverions des témoignages singulièrement éloquents dans les deux journaux locaux, représentants des intérêts du commerce. La similitude de leur opinion sur ce point est d'autant plus digne d'être retenue, que l'on sait combien il est difficile, dans une colonie, de trouver d'accord deux organes de presse.

Dans la *Dépêche de la Côte d'Ivoire* du 10 mai, nous lisons ce qui suit :

Certains commerçants — inspirés surtout par leur intérêt particulier et immédiat, plutôt que par l'intérêt général de la colonie — ont amèrement critiqué le désarmement. Ce serait, disent-ils, une mesure inutile et impolitique.

Nous ne le pensons pas. Certes, il est regrettable pour les commerçants de ne pouvoir écouler comme autrefois, avec de gros bénéfices, des quantités considérables de poudre et de fusils... Mais l'intérêt supérieur de tous, la sécurité de notre domination ne le permettent pas.

Nous ne cessons de le répéter : l'indigène armé d'un fusil est fier, orgueilleux, indépendant; à tout instant il est à craindre que, pour le motif le plus futile, il ne prenne son fusil et ne parte en guerre. C'est un insoumis. Il refusera toutes corvées et le portage. La rentrée de l'impôt sera difficile et périlleuse. Surtout dans la zone forestière, où la pénétration se heurte à mille difficultés, il faut soigneusement éviter de laisser en face de nous des villages armés...

La possession d'un fusil doit être considérée par l'indigène comme une récompense ou un honneur. Le chef de village — je parle des villages qui ne nous sont pas nettement hostiles — pourra être autorisé à en détenir un ou deux. Cela sera suffisant pour la chasse.

Le désarmement complet sera le moyen le plus sûr de pacifier les tribus de la forêt. Il n'y aura plus ensuite de soulèvements possibles. Les Abbeys, les N'Ghans, les Agbas n'auraient pu se révolter, s'ils n'avaient pas eu dans les mains les moyens d'attaquer et de se défendre, c'est-à dire leurs fusils. Nous ne pourrons être certains de leur fidélité que lorsqu'ils seront entièrement désarmés.

Et la preuve que le désarmement est un moyen efficace de pacification, ne la trouvons-nous pas dans l'attitude même des indigènes non encore complètement dociles et soumis qui craignent tellement de se voir désarmés, qu'ils se mettent délibérément en état de révolte pour essayer de garder leurs fusils et sauver leur dernière chance d'indépendance? Les Abbeys se sont soulevés lorsqu'ils ont compris que c'était à leur tour d'être désarmés, après les Attiés, et que bientôt, pour ce faire, allaient venir chez eux les tirailleurs du lieutenant Boudet...

Le désarmement doit être opéré jusqu'au bout, avec ténacité, malgré les critiques et les difficultés passagères qu'il peut soulever. Nous avons d'ailleurs pleine confiance dans l'énergie du gouverneur Augoulvant pour le mener à bonne fin.

Et dans *La Côte d'Ivoire* du 25 mai, nous lisons :

Les Abbeys possédaient armes et munitions, comme tous les habitants de la colonie du reste et, grâce à la contrebande de poudre qui se pratique sur une large échelle à la frontière du Gold Coast et surtout du Libéria, pouvaient s'approvisionner facilement.

L'administration, jusqu'à l'année dernière, égarée par le désir immodéré de ne provoquer aucun conflit et de jouir d'un calme trompeur, avait eu le tort de fermer les yeux : elle avait fait mieux, ou plutôt pire, délivrant d'une façon inconsidérée les permis de poudre et de fusils. La statistique de la douane est d'une éloquence navrante, et il sera aisé de le constater.

Là résidait donc un danger véritable et la première partie de l'occupation devait logiquement comprendre le retrait de toutes les armes à feu. Les administrations reçurent des instructions formelles en ce sens, et avec une louable énergie, s'appliquèrent à en assurer l'exécution : ce fut l'œuvre des Benquey, des Boudet, des Clerc, des Robin, etc.

Quelques peuplades, celles en relations plus suivies avec nous, se soumirent sans trop de difficultés ; d'autres virent là un motif de rébellion et se refusèrent à toute composition.

La révolte commençait.

Sans doute, en raison du chiffre énorme d'armes importées depuis huit ans, les vingt mille fusils rendus sont peu, mais néanmoins constituent un noyau considérable d'opposants désarmés : vingt mille fusils représentent vingt mille hommes qui n'ont plus les moyens de se montrer agressifs et se voient forcés de paraître soumis. Vingt mille fusils de plus c'étaient les Attiés, les M'Batos, les Bonouas qui faisaient cause commune avec les Abbeys, et que fût-il advenu de cette coalition écrasante?...

On doit donc, par tous les moyens, même par la force, désarmer la colonie, en tous lieux, et dans la suite rien n'empêchera le gouvernement de donner les armes et les munitions dans la limite du licite et uniquement pour les exigences de la vie.

*
* *

La cinquième critique adressée à M. Angoulvant porte sur l'usage qu'il a fait des prestations.

Il a exigé, a-t-on dit, des indigènes, un travail intense, non rétribué, à cause duquel, en outre du mécontentement des villages, le commerce local a pu se plaindre justement de pertes subies par lui, du fait que les natifs n'avaient plus le temps de se livrer à l'exploitation des produits du sol.

Critique un peu trop générale, à ce qu'il semble, pour un pays dont — c'est une vérité trop acquise — les habitants retardent précisément la mise en valeur par leur incroyable paresse.

Mais il paraît singulièrement excessif de prétendre que les commerçants de la Côte d'Ivoire puissent se plaindre de l'usage des prestations, en admettant même que cet usage soit permanent et assez rigoureux.

Voici, en effet, les termes littéraux d'un passage de la pétition signée de tous les représentants du commerce local et remise, à Grand-Bassam, le 1er mai 1908, à M. Milliès-Lacroix, alors ministre des Colonies :

« Et puisque nous parlons ici des petits commerçants, permettez-nous, Monsieur le Ministre, de vous entretenir d'une question qui les intéresse.

Les routes et les ponts qui servent tant à l'administration qu'au commerce, surtout celles de l'intérieur, sont souvent peu entretenues, quelquefois même elles ne le sont pas du tout.

L'entretien confié aux chefs de villages situés à proximité, le manque de surveillance et l'apathie naturelle aux indigènes aidant, il devient souvent pénible de s'en servir.

Nous estimons, en outre, que l'administration ferait preuve de prévoyance si elle exigeait dans toute la colonie que les villages aient pour faciliter les communications et activer la civilisation des routes qui les relient entre eux, entretenues par des prestations en nature, sous la responsabilité des chefs de villages contrôlés par l'administration.

Cette demande est nette. Elle pouvait donc inciter l'autorité locale à user largement de la prestation. Ce moyen semble même d'autant plus logique que la Côte d'Ivoire — colonie immense dont l'étendue atteint 320.000 kilomètres carrés — est considérée, présentement encore, comme dépourvue de voies de communication suffisantes alors qu'elle possède déjà 3.902 kilomètres de routes, dont 1.632 kilomètres en savane ou en demi-forêt et 2.270 kilomètres en forêt. Le seul entretien de ces voies, dans un pays où les pluies sont presque constantes et diluviennes, où la pierre manque pour l'établissement de chaussées solides, exigerait annuellement une dépense énorme, s'il s'agissait de payer 1 franc par jour ajouté à la ration, taux habituel des manœuvres, les travailleurs nécessaires pour constituer des équipes permanentes de cantonniers. Nous ne parlons pas ici des frais de surveillance qui s'imposeraient.

Comme cela se pratique partout ailleurs, M. Angoulvant a donc chargé les villages d'entretenir les tronçons de routes dépendant de ces derniers. Cette coutume est générale dans toutes les colonies. Le gouverneur de la Côte d'Ivoire précise ainsi, du reste, par une circulaire du 22 mai 1909, la manière de procéder dont devront user les administrateurs à cet égard :

Jusqu'à ce qu'il soit possible de faire exécuter, par le service compétent, des routes véritables, vous devrez, au moyen des crédits mis annuellement à votre disposition, entretenir et améliorer les voies de grande communication existantes. Dans ce but, vous passerez avec les groupements indigènes des régions desservies des contrats forfaitaires pour une tâche déterminée, c'est le meilleur moyen d'obtenir le maximum de résultats pour une rémunération équitable, lorsqu'on ne dispose pas d'un personnel suffisant pour surveiller les travailleurs. En ce qui concerne les chemins d'intérêt purement local, les pistes, vous devrez veiller à ce qu'elles soient toujours dans un état suffisant d'entretien pour permettre la circulation à toute époque. Suivant la coutume, ce sont les villages riverains qui seront chargés de veiller à leur viabilité.

Maintenant, que M. Angoulvant ait, à une époque déterminée, fait un appel particulièrement large à la prestation, cela n'est ni douteux ni nié. Ce fut, dans des régions limitées et déterminées, dans le but d'exécuter en hâte des travaux d'intérêt général et même de sécurité publique.

Grand-Bassam était, en 1908, un centre en voie d'abandon, aux rues ensablées et difficilement praticables ; en certains endroits, des marigots, dont l'un avait une bonne centaine de mètres de diamètre et plusieurs mètres de profondeur, existaient entre les demeures d'Européens, entretenant des nuées de stégomias, moustiques véhicules de la fièvre jaune. Cette terrible épidémie menaçait : on ne pouvait oublier que l'avant-dernière avait fait disparaître la presque totalité de la population blanche. Au moment où Bassam renaissait et, du fait de l'échec des travaux de percée à Port-Bouët, devenait à nouveau l'unique débouché de la colonie, à l'Est, le premier devoir de l'administration était d'assurer la vie des Européens. Un effort considérable et immédiat s'imposait. On fit appel aux villages indigènes des environs, pour lesquels l'existence de Bassam était une source de profits considérables. Des équipes vinrent, par roulement, effectuer le comblement des marigots. En quelques mois, la ville fut mise le mieux possible en état de résister au fléau. Il n'est pas douteux qu'elle doive à ces mesures d'avoir évité cette année la fièvre jaune qui a sévi à la Gold Coast et au Sierra-Leone.

Pour les mêmes motifs sanitaires, Bingerville, chef-lieu administratif, siège du gouvernement et des services, et Abidjan, tête de ligne du chemin de fer, furent, de semblable façon, aménagés et débroussés.

Au point de jonction du rail et du fleuve N'Zi, à Dimbokro, endroit où la voie ferrée entre dans les savanes du Baoulé, il s'agit de préparer le terrain pour l'édification d'une ville commerciale nouvelle, dont l'essor a été aussi rapide que remarquable. Les indigènes du voisinage, premiers intéressés à cette création, assurèrent le débroussaillement du terrain.

Les habitants du N'Zi-Comoé, qui venaient de se révolter, durent, dans un but politique et économique, ouvrir leur pays en joignant par une route Dimbokro à Akakoumoékrou. Les Attiés et Abbeys furent tenus de faire de même entre Agboville et Zaranou.

A ces entreprises d'intérêt supérieur et de champ limité se borna l'emploi de la prestation, avec, comme seules rétributions, un léger salaire et des cadeaux nombreux distribués au cours de fêtes fort goûtées des indigènes. Les motifs de ces appels au travail du natif sont de ceux en présence desquels l'autorité ne peut, dans une colonie neuve, hésiter à recourir à des moyens exceptionnels sans encourir des responsabilités graves ou le juste mécontentement du commerce.

Parlant de la nécessité de recourir, en certaines circonstances, à cette prestation, qui, chose curieuse, ne choque pas en France où, pourtant, elle est instituée, avec la commodité offerte par le paiement en espèces, M. Angoulvant exprimait du reste son sentiment à ses collaborateurs de la manière suivante, le 26 novembre 1908 :

Il est naturel que le principal intéressé travaille pour lui et contribue à se pourvoir de l'outil de sa prospérité. J'ai, d'ailleurs, pu me rendre compte de l'empressement avec lequel les villages envoient des travailleurs, lorsque dans des palabres préalables, les administrateurs leur ont expliqué le but pratique de l'effort qui leur est demandé et montré les avantages qu'ils en tireront. Dans ces conditions et les meilleurs traitements étant la règle absolue, le travail des prestations, judicieusement limité et réparti, devient réellement une collaboration libre.

Et c'est ainsi, pensons-nous, que se comprend et s'applique ce genre de travail dans toutes nos colonies indigènes, où il a, il est vrai, cet avantage de n'avoir pas été organisé d'hier et de ne plus, par conséquent, faire parler de lui.

*
* *

La sixième critique dont l'administration de M. Angoulvant a été l'objet vise la méthode d'obligation considérée par lui comme une condition du progrès de l'agriculture indigène.

Cette critique a trouvé sa source dans les déclarations suivantes faites par le gouverneur de la Côte d'Ivoire, dans ses instructions-programme du 26 novembre 1908 :

C'est le sort des contrées exceptionnellement favorisées par la nature — telle la Côte d'Ivoire — de présenter, à nos regards de civilisés, le plus déconcertant contraste : une terre qui porte ou renferme une incroyable somme de richesses variées, en présence d'une population misérable, qui vit à côté de ces biens, sans faire le moindre effort pour en jouir.

Notre colonie n'a rien à envier, à ce point de vue, aux pays les moins avancés. L'indigène y mène une existence indifférente, sans sécurité même ; paresseux autant qu'ignorant, préférant au moindre effort des privations sans nombre, il laisserait toujours inexploitées des ressources inappréciables autant que faciles, la plupart du temps, à réaliser, si nous ne le forcions à sortir de sa torpeur, de son inertie. Ainsi que j'ai eu l'occasion de le dire, déjà, à divers administrateurs, nous n'avons en aucune manière à compter sur son initiative ; c'est un grand enfant retardataire dont nous devons nous faire les conseillers et les guides.

Nous ne saurions plus longtemps assister impassibles à l'inutilisation de ces ressources, inutilisation qui équivaut à la perte annuelle d'un capital énorme. Nous ne saurions non plus nous contenter d'une exploitation indigène aussi peu intensive qu'elle le serait s'il ne s'agissait, pour l'habitant, que de se procurer l'argent indispensable au paiement de l'impôt. Il faut songer à alimenter largement l'exportation, à accroître le mouvement commercial, en poussant les natifs avec ardeur vers la récolte des produits à leur portée, vers les cultures à rendement rapide qui permettront d'attendre les résultats d'une colonisation plus scientifique, dont l'échéance est, en général, assez lointaine.

Ce n'est là ni un but difficile à atteindre, ni, lorsqu'on envisage le mode de notre intervention, un abus d'autorité. Enrichir l'indigène, fût-ce à son corps défendant, constitue un devoir envers nous-mêmes, envers lui, envers ceux qui viennent ici risquer leur santé et leurs ressources. Certaines colonies étrangères ont dû leur succès économique à ce fait que leurs gouvernements n'ont pas cru pouvoir tolérer cette perte continue de richesse dont je parlais il n'y a qu'un moment et qui est due à la nonchalance des natifs. Leurs habitants ont été mis dans l'obligation de recueillir, chaque année, des quantités déterminées de produits naturels, aisément exploitables ; dans quelques-unes, l'administration a poussé plus loin encore le souci de développer le pays en sollicitant, au profit du producteur, l'acheteur européen et en assurant ainsi à l'indigène l'écoulement rémunérateur du fruit de son travail.

Je ne suis pas éloigné de penser que l'application à la Côte d'Ivoire de ce principe, avec des modalités convenables, mérite l'examen. Je serais, en conséquence, obligé aux administrateurs et aux chefs de poste de me saisir des procédés de mise en pratique que l'étude approfondie de la question pourrait leur suggérer, en se plaçant au double point de vue de l'extension du commerce d'exploitation et du développement des ressources indigènes.

Dès maintenant, j'estime que la méthode de l'obligation produirait les meilleurs résultats si elle était appliquée à la culture.

Elle a été autrefois employée avec le succès le plus complet, au Soudan, par l'une de nos personnalités coloniales actuelles les plus illustres. Les indigènes, apathiques et ignorants, trouvaient à peine, sur un sol riche, leurs moyens d'existence ; se bornant à recueillir le strict minimum, ils employaient au pillage et au meurtre les fâcheux loisirs que leur créait leur paresse. Des superficies de terrains nécessaires à la satisfaction des nécessités normales d'une vie ordonnée et à la production d'un excédent destiné à constituer des réserves et à la vente, furent déterminées ; les groupements furent tenus de les cultiver et, au bout de peu d'années, grâce à l'énergie persévérante des représentants de l'administration, la prospérité fit place à la misère, les luttes intestines et les razzias cessèrent, l'habitude se prit d'un travail régulier et moralisateur. Ainsi fut modifiée complètement la condition matérielle et morale de toute une région.

Je n'ai pas été guidé par un autre sentiment lorsque, ces temps derniers, j'ai prescrit les mesures indispensables à l'introduction de la culture en grand du cacao par l'indigène. Si je sais le prix de l'initiative individuelle, je n'ignore pas qu'il est indispensable ici de l'éveiller. Les conseils n'y suffiraient pas, le natif n'étant sensible, lorsqu'il s'agit d'en obtenir un effort de longue haleine, qu'aux manifestations de l'autorité. C'est pourquoi j'ai voulu que les collectivités fussent mises en demeure de préparer les terrains propres à recevoir la graine du cacaoyer, de procéder à des semis dont nous leur fournissions gratuitement les éléments, de veiller ensuite à l'entretien de ces plantations.

Les premiers résultats obtenus suffisent pour m'encourager dans cette voie, dont les administrateurs des cercles intéressés ont aussitôt compris l'efficacité. Je suis donc décidé à appliquer la même méthode pour les autres cultures à entreprendre et j'insiste à nouveau pour que chaque commandant de cercle, chaque chef de poste, tenant compte des particularités naturelles offertes par sa circonscription, me soumette au plus tôt à ce sujet des propositions sérieuses et motivées.

Ayant eu connaissance de la réserve faite par certains en ce qui concerne cette méthode d'obligation, peu après l'avoir formulée, M. Angoulvant n'a pas manqué de répondre lui-même à la critique dont ses intentions étaient l'objet. Le 26 janvier 1909, il écrivait à une personnalité commerciale qui avait exprimé son sentiment sous la forme de quelques craintes quant à l'application du système et de quelques doutes quant à sa légitimité :

Je tiens à vous préciser mes vues sur ce point, car je ne voudrais pas qu'un malentendu ou qu'une équivoque vînt altérer le sens exact de ma pensée.

Vous semblez craindre que cette méthode, appliquée dans la pratique par des agents subalternes ou des gardes de police, ne soit détournée du principe qui m'a dicté son exposé et ne provoque à la Côte d'Ivoire, par suite d'abus fâcheux, l'établissement du système déplorable de colonisation relevé au Congo belge.

Je serais au regret qu'une semblable pensée pût naître dans l'esprit de ceux qui liront ma lettre circulaire, alors que j'ai pris tant de soins pour, tout en traçant mon programme d'action avec franchise, expliquer le motif ou le but de la méthode de colonisation agricole auquel il me paraît indispensable de se ranger, si nous voulons obtenir des résultats certains et sérieux.

Il y a loin de mon procédé à celui qui rendit le Congo belge tristement célèbre. Alors que, dans cette contrée, l'indigène était tenu de travailler pour l'Etat, dans les conditions fixées par celui-ci, et de lui vendre ses produits à un prix également imposé, je me borne à agir sur notre sujet pour l'amener au travail. Je n'ai pas besoin de vous peindre l'incroyable paresse de l'indigène, entretenue par l'état anarchique du passé et l'absence du besoin. Vous voudrez bien admettre avec moi que si les représentants des maisons de commerce et des entreprises européennes de colonisation doivent compter sur leur seule autorité personnelle pour déterminer l'habitant au travail rémunérateur pour lui-même et pour leur maison, ils échoueront à peu près complètement, non sans d'onéreux sacrifices. Je l'ai écrit et nul ne me contredira, s'il est sincère et pratique : l'indigène n'est pas sensible à la persuasion. Prétendre le contraire, c'est le fait d'un esprit purement spéculatif, j'allais dire paradoxal et abusivement généralisateur. Car, si, exceptionnellement, des individus sont parvenus à amener l'indigène au travail, ils n'ont pu le faire que sur un terrain très limité. J'ajoute que la persuasion a été, dans tous les cas susceptibles d'être cités, plus le faits de distributions de cadeaux que d'une compréhension de la nécessité du labeur, insaisissable pour un indigène.

Il ne faut pas se méprendre sur la mentalité noire et, pour ma part, je ne me laisserai pas égarer, au détriment de la colonisation, par des théories toutes faites, opposées au bon sens comme à l'humanité et à la civilisation.

Et, en effet, de deux choses l'une : ou bien nous voulons, dans nos colonies, faire une œuvre économique utile, ou bien nous nous contenterons de nous efforcer de développer l'esprit des indigènes par un enseignement platonique, avec la certitude, en résumé, tirée d'exemples probants, d'en faire plus tard des indépendants, des révoltés, des inutiles.

J'ai choisi la première partie de ce dilemme. Sans négliger le côté social — et ma lettre a pu vous témoigner que j'y apportais tous mes soins — j'ai estimé que j'accomplirai une tâche fructueuse et, surtout, morale et durable en donnant aux indigènes un moyen de vivre plus largement, de profiter dès lors de la civilisation que nous leur ferons entrevoir et apprécier à l'école et dans la vie, de satisfaire les exigences normales d'une administration régulière : dira-t-on qu'en agissant ainsi, je ne servirai pas la colonisation française de la meilleure façon ?

Quant aux moyens, ils sont simples et ne craignent pas le grand jour. Les chefs, notables et habitants des régions intéressées sont convoqués par moi ou par mes représentants, administrateurs de cercle ou chefs de postes — ce ne sont pas, vous l'admettrez, des agents très subalternes et jamais des gardes de police n'interviennent; — ces indigènes entendent les explications qu'on leur donne sur l'avantage de telle culture et sur les procédés à employer; ils sont invités à préparer des terrains, reçoivent gratuitement des graines et plantent ces dernières avec les conseils des fonctionnaires cités ci-dessus ou d'agents d'agriculture.

L'administration ne se montrera-t-elle pas ainsi tutélaire, paternelle? Puisque des sacrifices sont faits en achats de graines et des conseils prodigués dans l'intérêt exclusif de l'indigène, n'est-il pas normal que nous tenions la main à ce que notre temps et l'argent public ne soient pas perdus du fait de la mauvaise volonté? Il n'y a donc rien que de très naturel à ce fait que des amendes sont parfois — très rarement, je vous en donne l'assurance, tant, jusqu'ici, nous avons eu de satisfaction relative — infligées à ceux qui, par esprit frondeur, refusent nettement de nous écouter. Mais, à côté, je n'hésite pas à faire récompenser les villages et les travailleurs méritants, par l'octroi de gratifications.

Votre agent à Aboisso exprimait dernièrement son admiration pour les résultats obtenus dans le cercle d'Assinie. Il vous certifiera que, nul dans l'accomplissement de l'œuvre à lui confiée, n'a commis un acte qui permette un moment, par comparaison, de penser au Congo belge. Et je me flatte même qu'on louera les moyens employés par mon administration pour la réalisation de cette œuvre, comme on éprouvera quelque surprise devant les conséquences de ma méthode.

Je l'ai dit dans ma lettre du 26 novembre : nous devons jouer le rôle de parents fermes et volontaires. Nous ne ferons pas autre chose ici et l'on ne saurait *a priori* conclure à la préparation d'abus. Je suis bien certain que ce n'est pas là un reproche que l'on pourra jamais adresser au système de colonisation auquel je me suis arrêté, pour le bien de l'indigène et du commerce.

***

La septième critique que l'on ait adressée à M. Angoulvant — conséquence naturelle des précédentes — c'est d'avoir entravé par sa politique prétendue rigoureuse, exigeante, fiscale à l'excès, l'essor du commerce.

Cette critique est de celles auxquelles il ne saurait être question de répondre autrement que par des chiffres.

Or, ceux-ci accusent le résultat brutal suivant :

Mouvement général du commerce.

1er semestre 1909	10.638.316 francs
— 1910	16.036.891 —

soit une plus-value de 50 %.

Exportations.

1er semestre 1907 (cette année est spécialement choisie comme étant la plus belle qu'on ait connue depuis 20 ans)	6.090.122 francs
1er semestre 1909	5.651.480 —
— 1910	8.953.608 —

Importations.

1er semestre 1909	4.986.836 francs
— 1910	7.083.283 —

Recettes douanières.

1er semestre 1909	1.417.345 fr. 13
— 1910	1.812.996 fr. 28

soit une plus-value de 36 %.

Pendant le seul mois d'août la plus-value de ces recettes sur celles du mois correspondant de l'an dernier a atteint 129.000 francs.

Caoutchouc exporté.

Du 1er janvier au 1er août 1909	645.274 kilos
— — 1910	932.415 —

Huile de palme exportée.

Du 1er janvier au 1er août 1909	4.447.264 kilos
— — 1910	4.708.216 —

Amandes de palme exportées.

Du 1er janvier au 1er août 1909	2.495.621 kilos
— — 1910	2.957.872 —

Recettes du chemin de fer.

Juillet 1909	27.488 fr. 50
Juillet 1910	34.093 fr. 55
Du 1er janvier au 1er août 1909	137.058 fr. 65
Du 1er janvier au 1er août 1910	247.595 fr. 51

III. — La méthode.

Nous avons vu, par l'exposé des faits, quelle était la situation politique, le 25 avril 1908, quand M. le gouverneur Angoulvant prit possession de son poste. Nous savons aussi, maintenant, quelles mesures il appliqua pour la faire changer et nous connaissons les résultats acquis ou proches. Il n'est pas douteux que, sous sa direction, l'administration locale a envisagé ses devoirs vis-à-vis des groupements indigènes de la forêt d'une manière bien différente de celle qui était avant lui la règle. Il y a donc eu un changement d'orientation complet et décisif et il semble bien que la formule : « Agir toujours, agir sans cesse » ait inspiré tous les actes, toutes les décisions, depuis deux ans et demi à la Côte d'Ivoire.

Comment M. Angoulvant s'est-il décidé à adopter, en cette matière délicate, une ligne de conduite aussi radicalement opposée, en apparence, à celle qu'avaient suivie ses prédécesseurs ?

Il semble que deux solutions s'offraient à lui :

Ou bien il pouvait s'efforcer de maintenir le *statu quo* et, conscient des difficultés auxquelles il devait faire face, poursuivre avec tranquillité, avec philosophie, une politique d'action et de progression lentes.

Ou bien, au contraire, il pouvait découvrir ces difficultés et s'appliquer à les faire disparaître, au prix d'une activité incessante.

Cette seconde solution était la plus dangereuse, à tous égards.

Elle paraissait opposer au passé, en le condamnant, une politique nouvelle, dont l'auteur prenait tous les caractères d'un critique, d'un novateur sans égard pour les habitudes prises et les traditions, d'un audacieux désireux d'attacher son nom à une œuvre sans utilité réelle, mais poursuivie dans un but personnel : on conçoit ce qu'ont de risqué, à notre époque, une initiative et une attitude aussi agissantes.

Elle laissait craindre des troubles répétés et substituait à une paix apparente — mais considérée comme réelle — une série d'agitations, de soubresauts et d'opérations militaires : on se fait aisément une idée du peu de faveur avec laquelle l'opinion devait accueillir un pareil changement.

Elle allait à l'encontre des principes admis en matière coloniale, d'après lesquels l'emploi de la force est aujourd'hui condamnable en toutes circonstances et la méthode dite de pénétration pacifique seule concevable, étant bien établi, à l'heure actuelle, que nous sommes capables, par notre unique exemple, par notre puissance de persuasion, notre amour du juste et notre générosité, de gagner sans coup férir à la cause de la civilisation les tribus les plus sauvages : on se rend compte sans peine que la politique d'action vive devait apparaître comme un anachronisme stupéfiant.

Elle obligeait l'homme assez osé pour se mettre ainsi en marge de l'opinion à réussir sans cesse, à ne pas enregistrer le moindre arrêt dans l'exécution de son programme, dans sa marche en avant, à répondre toujours, par d'éclatants succès, aux critiques qui ne devaient pas manquer de le viser pour l'accabler et qui le guettaient comme le chasseur à l'affût.

C'est pourtant cette solution que M. Angoulvant a cru devoir adopter.

Nous avons montré assez au long, au début de cette étude, en présence de quelle équivoque s'était trouvé placé, dès son arrivée, le nouveau gouverneur. Le bilan que nous avons établi de l'état politique en avril 1908 déchire suffisamment, pour les moins informés, le voile qui dissimulait alors le péril et laissait croire à l'existence d'une pacification générale, sous le couvert de laquelle notre administration se perfectionnait à l'aise et étendait ses bienfaits.

Pour tout dire, la colonie de la Côte d'Ivoire se trouvait dans la situation d'une personne qui aurait, de longues années, vécu de son seul crédit et fait figure, malgré de lourdes charges cachées, parce que l'échéance fatale et révélatrice ne serait point encore survenue. Pendant quinze ans, il avait été possible de ne pas se heurter à des obstacles trop considérables et, bien que la pénétration ne se fût pas — on l'a vu — ébauchée sans peine, l'immensité du territoire, la faiblesse des moyens employés et, conséquemment, la lenteur de notre progression, la merveilleuse abondance en ressources propres au commerce des seules régions abordées, abondance qui avait donné le change sur le développement économique réel de l'ensemble du pays, toutes ces raisons s'étaient en quelque sorte liguées pour faire admettre et dire que les 320.000 kilomètres carrés de notre possession connaissaient une paix définitive.

On en était arrivé à ce degré de tension après lequel la rupture se produit si l'on veut agir encore. A moins de rester totalement inactif et d'amener, ainsi, un recul fatal autant que rapide dans les conditions de notre établissement déjà si précaire, n'importe quel gouverneur était acculé à des difficultés inévitables. La crise prochaine ne dépendait nullement des moyens à employer, car ces moyens n'offraient pas le choix : ils consistaient à aborder franchement le mal pour le réduire à l'heure de notre convenance et non à l'heure des indigènes, à conduire les événements au lieu d'être conduits et débordés par eux.

La situation n'était d'ailleurs pas, en réalité, absolument inconnue.

Ce n'est, depuis longtemps, un secret pour aucun de ceux qui ont pris la peine de se renseigner qu'un inspecteur des colonies, venu en mission à la Côte d'Ivoire de novembre 1907 à mai 1908, avait signalé cette situation et condamné la méthode de pénétration pacifique comme impuissante, indiquant de la sorte qu'il fallait en appliquer une autre.

Le commerce se plaignait, non sans raison.

Lorsque M. Milliès-Lacroix, alors ministre des Colonies, vint à Grand-Bassam, le 1er mai 1908, négociants et colons lui remirent une pétition, signée de tous, qui débutait en demandant que le nécessaire fût fait pour mettre un terme, sans retard, à un état politique intolérable, puisqu'il empêchait le développement de la colonisation. Il était évident que les résultats commerciaux ne pouvaient plus être, désormais, en proportion des efforts pratiqués ; alors, en effet, que le champ d'action restait identique, menaçant même de se restreindre si les indigènes prenaient conscience de leur force et de notre hésitation, le nombre des commerçants allait croissant d'année en année. Si bien que le profit de chacun devait nécessairement se réduire et qu'une crise était l'aboutissement certain de cette situation.

Les officiers et les fonctionnaires qui avaient servi dans la forêt et souffert de se sentir impuissants, obligés de s'en tenir à un « à peu près » continuel, sous peine de provoquer un incident toujours redouté ou de perdre inutilement leur vie, traduisaient assez ouvertement leur malaise.

L'*Almanach du Marsouin* pour l'année 1909 faisait, dans les termes suivants, connaître le péril :

> En résumé, malgré tant d'efforts, malgré tout le sang versé et qu'on eût épargné avec plus de monde, *la situation reste très précaire à la Côte d'Ivoire*... Nous avons montré ces poignées d'hommes prodiguant leur activité et, malgré des difficultés que d'autres auraient jugées inextricables, faire face partout et partout sauver une situation compromise par la réduction ou la faiblesse des effectifs... *A ceux qui continuent de vouloir faire croire à la pacification quand même de la colonie et qualifient d'incidents les faits de guerre où succombent nos officiers*, il suffit de rappeler les pertes subies par nos troupes coloniales à la Côte d'Ivoire, en seize mois : 22 tués dont 3 officiers, 61 blessés dont 3 Européens ; au total 88 hommes hors de combat, plus du quart des pertes subies par le corps de débarquement de Casablanca...

Notons que ces lignes ont été écrites à la suite

du compte rendu de la colonne Metz et que l'effectif total des tirailleurs présents à la Côte d'Ivoire était, budgétairement, non réellement, de 840 hommes, en comprenant dans ce chiffre les deux brigades indigènes existantes, troupes hors cadres et payées par le budget local.

Dans sa lettre-programme du 26 novembre 1908, M. le gouverneur Angoulvant, tenu à plus de modération, déclarait incomplète notre œuvre de pénétration dans les cercles des Lagunes, du N'Zi-Comoé, de Lahou, du Cavally et du Ouorodougou (cercles actuels du Haut-Cavally et de Mankono). De certaines de ces régions, il écrivait qu'elles étaient « presque entièrement à découvrir », qu'elles en étaient « au stade de l'exploration ». « Les cartes, disait-il, font foi de l'ignorance presque complète dans laquelle nous sommes de la géographie même de l'arrière-pays. » Parlant de l'attitude que devaient y observer les fonctionnaires : « Il s'ensuit, affirmait-il, pour nos représentants, une situation particulièrement difficile et l'obligation d'une tâche délicate, parfois même décourageante. »

M. Angoulvant jugeait ainsi qu'on va voir l'état politique du cercle actuel du Haut-Sassandra et du pays gouro :

Le cercle du Sassandra et le cercle-annexe des Gouros sont restés fort en arrière. Habitées par des populations sauvages et combatives, assez guerrières pour être regardées comme des adversaires sérieux, ces régions exigent encore, pour être soumises, un effort prolongé. Une partie importante du Sassandra est presque entièrement à découvrir. Dans l'ensemble, la sécurité ne peut être garantie et, si des voyageurs isolés, des commerçants audacieux s'y sont parfois aventurés, il s'agit là de cas exceptionnels que l'administration ne suit pas sans inquiétude. Pourtant, grâce à la politique prudente pratiquée depuis la récente colonne militaire, nous n'avons pas enregistré d'incidents graves. Il est vrai que nous n'avons pas, non plus, marqué de progrès sensibles.

Le gouverneur de la Côte d'Ivoire ne s'en tenait pas à ces déclarations officielles et publiques pour préciser l'état de sa colonie. Il usait également de ses relations privées et c'est ainsi que, en janvier 1909, il écrivait à une personnalité commerciale considérable, particulièrement intéressée aux choses de la Côte d'Ivoire, ce qu'on va lire :

Vous exprimez l'opinion que la Côte d'Ivoire est aujourd'hui complètement pacifiée, ou peu s'en faut. *J'ai le devoir de vous retirer à ce sujet une illusion qui pourrait être fâcheuse, si vous faisiez état de votre manière de voir dans l'orientution de vos affaires. Il est bon que la réalité de la situation apparaisse.*

Evidemment, une partie du pays est aujourd'hui bien en main, mais tout le Sassandra, le pays gouro, la région de Touba, le N'Zi-Comoé, le Nord des cercles des Lagunes et de Lahou ont besoin d'être pénétrés et, dans une large mesure même, conquis sur l'anarchie et la barbarie. Tout y reste à faire, la sécurité y est inexistante, et non seulement je n'engagerais pas une maison à y installer une factorerie, mais je n'hésiterais pas à m'opposer à la circulation d'Européens non escortés dans ces régions. Si nous n'y avons généralement aucun incident à y relever, c'est grâce aux mesures énergiques qui sont prises pour hâter l'occupation du pays et mettre nos postes à l'abri d'un coup de main... J'ajoute que je compte, d'ici un an, sur une modification profonde et avantageuse de l'état de choses actuel. De ce jour, le commerce comme l'administration trouveront un sérieux avantage à la mise en valeur de contrées qui occupent au moins encore le tiers de la colonie.

Venu à Paris, en juillet suivant, pour quelques jours, M. Angoulvant trouva l'occasion de s'expliquer à nouveau, en public, sur la situation de la Côte d'Ivoire, au sein de la section africaine de l'Union coloniale française. Il avait, en juin, exposé sans ambages, à Dakar, pendant la session du Conseil de gouvernement, cette situation, et il tenait à n'en rien dissimuler — non plus que des projets d'action à la veille d'être appliqués pour y apporter un remède nécessaire — aux commerçants appelés à se ressentir, dans leurs affaires, de la mise en vigueur du programme conçu. Après avoir fait connaître, cercle par cercle, l'état réel du pays, il déclara que l'on pouvait soit n'y rien changer et s'en rapporter au temps du soin de faire tomber les résistances, soit y mettre un terme rapidement au prix de sacrifices momentanés. Il montra que ces sacrifices ne seraient pas supérieurs à ceux qu'entraînerait, à la longue, comme par le passé, une politique de vaine persuasion, d'avances sans cesse repoussées, de confiance toujours rebutée. Il prouva, au surplus, que nous en étions arrivés au point où toute prise de contact avec les tribus hostiles, dans les intentions même les plus pacifiques, devenait impossible, ces groupements opposant *a priori* la violence aux tentatives d'entrée en relations faites par nos administrateurs : les inutiles expériences poursuivies dans le N'Zi-Comoé, en pays attié et dida, sur les rives du Bandama, témoignaient surabondamment de la résolution bien arrêtée chez les indigènes de se refuser à tous rapports avec nous, tant qu'ils se croiraient de force à nous résister les armes à la main.

Elevant la question, M. Angoulvant fit voir l'autorité de la France méconnue et bafouée, son prestige menacé dans les personnes de ses représentants civils et militaires, ses intérêts économiques compromis avec ceux des commerçants et colons.

Les membres de la section africaine furent unanimes à penser que le problème de la pénétration devait être résolu sans retard par un effort militaire approprié. Seul, l'un d'eux formula quelques objections relatives à l'emploi d'une méthode non plus exclusivement pacifique, mais qui impliquait l'intervention des troupes partout où les indigènes persévéreraient dans leur résistance aveugle : le gouverneur de la Côte d'Ivoire, rappelant, une fois encore, quinze années d'expérience sanglante et improductive, ne crut pouvoir mieux faire que d'offrir à son contradicteur de le laisser appliquer, dans un territoire limité et déterminé, à ses risques et périls, la méthode qu'il préconisait. Les régions inconnues ne manquaient pas dans la moitié ouest de la colonie et l'expérimentateur bénévole aurait tout loisir pour apprécier, autrement que par des considérations de principes et théoriquement, la valeur de son système. Cette offre fit aussitôt retirer l'objection et l'assemblée se rangea, par un vœu sans réserve, à l'avis de M. Angoulvant.

Cette partie anecdotique de notre étude n'est pas sans portée, car elle montre qu'aucun mystère ne présida, à l'égard du public, aux décisions de l'administration locale et à leur application.

Le gouverneur général de l'Afrique Occidentale avait pris soin, du reste, d'instruire lui-même l'opinion de la situation politique de la Côte d'Ivoire et des moyens qu'il jugeait nécessaire d'employer, désormais, pour l'améliorer au plus tôt :

L'attrait des richesses naturelles de la Côte d'Ivoire, disait-il, le 21 juin 1909, dans son discours d'ouverture de la session du Conseil de gouvernement, la nécessité d'élever cette contrée au degré d'exploitation des territoires voisins français ou étrangers, ont fait, en un court délai, succéder la période de la mise en valeur économique à celle de l'exploration géographique. Celle-ci s'est, d'ailleurs, d'autant plus prolongée que le pays, d'accès malaisé, est généralement habité par des tribus primitives et rudes, superstitieusement hostiles à l'étranger, quel qu'il soit, qui marque l'intention de s'installer chez elles, et admirablement protégées par l'épaisseur de la forêt. *L'insuffisance des moyens mis à la disposition des autorités locales les avait trop souvent, jusqu'à ces derniers temps, obligées à composer avec certains groupements qui, ignorants de notre force, se sont, dans leur extrême simplicité, habitués à l'idée qu'ils pouvaient traiter avec nous de puissance à puissance. Aussi, dans l'œuvre de prise de possession effective du pays, que l'autorité locale a dû résolument aborder, nous trouvons-nous en butte à des résistances qui nous obligent, si nous voulons avancer, à agir avec énergie. Dans ce cas, j'estime que lorsque les procédés purement pacifiques sont épuisés, l'occupation du pays, avec des forces suffisantes pour que leur présence décourage définitivement l'adversaire, doit être entreprise.*

Et ici même, l'an dernier, dans un article intitulé « La pénétration de la Côte d'Ivoire » (1), nous nous exprimions ainsi qu'il suit :

... Du fait de la forêt, les régions soudaniennes, conquises en même temps que la boucle du Niger, et le littoral, où notre implantation date de loin, sont à peu près restées sans rapports suivis jusqu'à ces dernières années. La végétation a placé, entre le Nord et le Sud, une quasi-infranchissable barrière. Les populations de la région sylvestre, farouches, éprises d'indépendance et d'anarchie, ont doublé l'obstacle. Aussi ne faut-il pas être surpris si les efforts faits, depuis une quinzaine d'années, pour réunir les deux tronçons de la colonie actuelle — le haut pays passé à la Côte d'Ivoire pour lui permettre de subsister et le littoral d'où nos commerçants n'osaient guère s'éloigner — ont été décousus et si tous appartiennent exclusivement à l'épopée coloniale plutôt que de relever d'un plan arrêté de pénétration.

... Inspiré par notre naturel sentiment de générosité, poussés aussi par le désir d'épargner la vie de nos soldats pour le petit nombre desquels la forêt vierge rendait la lutte trop inégale, nous avons essayé, jusqu'à l'an dernier, de réaliser l'occupation de la Côte d'Ivoire par la seule méthode de pénétration pacifique. Nos administrateurs et nos officiers sont passés maîtres dans la pratique de cette politique et l'on peut être assuré qu'ils se sont merveilleusement acquittés du rôle qui leur était confié. Rôle ingrat et dangereux s'il en fut, lorsque, surtout, ceux qui le remplissent ont affaire à des populations qui ne considèrent la douceur et la mansuétude que comme des marques de faiblesse, qui reçoivent des témoignages d'intérêt et des cadeaux comme des tributs naturels, qui tirent avantage de nos relations avec elles pour se prévaloir auprès des tribus voisines de ces rapports, les exploiter et piller les groupes ennemis comme s'ils agissaient sous notre couvert.

... Aussi, la faillite de la pénétration pacifique a-t-elle été complète à la Côte d'Ivoire. Comment n'en eût-il pas été ainsi dans un pays où chaque pas en avant fait dans les intentions les plus généreuses expose quiconque s'y hasarde à l'assassinat? Comment parler de paix à des indigènes pour qui la guerre constitue une occupation habituelle et un moyen de vivre, alors surtout que la défaite d'une tribu n'est, pour les tribus rivales, qu'une occasion de moquerie et de vantardise qui les pousse inconsidérément contre nous? N'a-t-on pas entendu des représentants de groupements, à qui l'on donnait en exemple la résistance aisément brisée de groupes voisins, répondre avec la plus belle inconscience que les vaincus étaient moins forts qu'eux-mêmes et qu'ils voulaient, avant de se résoudre à nous obéir, tenter la fortune des armes? Si encore, après de rudes combats, notre victoire était chaque fois définitive! Mais l'on voit communément une tribu soumise se dresser à nouveau contre nous, malgré les leçons reçues, à l'instigation d'un féticheur ou parce que, à quelque distance de là, une rébellion s'est produite. Ces soubresauts, ces retours à la barbarie nous obligent à recommencer, nous imposant des pertes nouvelles, lassant les patiences, décourageant les bonnes volontés.

Ce qu'il s'est prodigué d'héroïsme anonyme au nom du principe de la méthode pacifique est inouï. Les administrateurs, les chefs de poste, les officiers, fidèles observateurs de la consigne, n'hésitaient pas à parcourir, pacifiquement, les tribus qu'ils n'avaient pas eu le loisir de soumettre et chacune de leurs sorties était l'occasion d'un sacrifice nouveau de leur vie, car ils ne savaient pas si, derrière un arbre, au détour d'un sentier, un exalté, un homme gorgé de vin de palme ou d'alcool, ou poussé par l'amour-propre, ne les assassinerait pas sans défense. Encore eussent-ils accepté certainement, avec plus de joie, ce renoncement à l'existence s'ils avaient pensé qu'il en fût résulté quelque profit pour notre cause. Mais, tout au contraire, leur mort n'eût servi qu'à exciter les natifs et c'est pourquoi ils durent user d'une prudence qui leur fut, du reste, conseillée et qui, si elle n'avança pas nos affaires, évita du moins des pertes cruelles.

Il n'est pas malaisé, après ce que nous venons de dire, de comprendre comment, faute de moyens suffisants, l'administration française fit, jusqu'à l'an dernier, relativement peu de progrès réels dans la pénétration de la Côte d'Ivoire.

Si l'on rapproche les déclarations ci-dessus des faits relatés dans la première partie de cette étude, on est complètement fixé sur la situation de la colonie qui nous occupe au moment où le gouverneur général de l'Afrique Occidentale et M. Angoulvant allaient être appelés à prendre, pour la modifier, des mesures nécessaires.

Ces mesures, au surplus, rompaient-elles si complètement qu'on l'a prétendu avec la réalité du passé? On a bien soutenu que, jusqu'à l'arrivée à la Côte d'Ivoire de M. Angoulvant, notre administration y avait pratiqué cette fameuse méthode de pénétration pacifique, si chère aux esprits généreux et dont il suffit de se réclamer pour s'assurer l'admiration émue, nous allions dire la reconnaissance d'un bon nombre de ceux qui font l'opinion en matière coloniale. Mais où est donc le caractère pacifique d'une action politique après laquelle, au bout de quinze ans, ses résultats mis à part, on enregistre des combats, des opérations, des meurtres si fréquents, des pertes en hommes si élevées, qu'on se demande s'il n'y a pas eu erreur grossière lorsqu'on a revendiqué la Côte d'Ivoire comme l'un des champs d'application les plus remarquables et les plus constants de ladite méthode.

La vérité est — nous renvoyons pour s'en convaincre à la première partie de cette étude — qu'on a abusivement joué sur les mots en affirmant et en faisant croire qu'antérieurement à l'administration actuelle de notre colonie du golfe de Guinée, les prédécesseurs de M. Angoulvant avaient pénétré pacifiquement le pays. On ne saurait certes plus avancer une semblable et aussi absolue contradiction des faits devant les lecteurs de la présente notice sans provoquer leurs protestations. Les gouverneurs de la Côte d'Ivoire avaient fait de leur mieux avec les moyens trop faibles mis à leur disposition et parce qu'ils avaient l'impérieux devoir de ne point nuire, en laissant naître des incidents, à l'organisation du gouvernement général de l'Afrique Occidentale et à l'établissement de son crédit. Leur mérite n'était pas mince d'avoir su maintenir notre autorité en dépit d'une quasi-impossibilité et, somme toute, de l'avoir étendue sur l'ensemble de la forêt, quoique faiblement et d'une façon précaire. Leur habileté préparait l'avenir; elle n'allait pas sans abnégation.

Le pire est qu'on se soit payé d'apparences, qu'on ait pris celles-ci pour des certitudes. L'aboutissement de cette erreur a été une émotion générale, accrue de surprise et d'incompréhension, quand la réalité est apparue. Cette

(1) *Rens. Col.*, octobre 1909.

réalité, impossible désormais à dissimuler, devait malheureusement être imputée à tort à celui qui héritait de la charge si lourde, si ingrate, inéluctable et fâcheuse, d'en instruire l'opinion et d'y parer.

La longue expérience du passé se dressait donc devant le gouverneur nouveau venu. Si, même, il avait pu, quelque temps encore, persévérer dans la voie ancienne, sachant à quels risques elle nous exposait sans profit et quels flots de sang elle exigeait, il aurait encouru une lourde responsabilité morale, il se serait fait, sciemment et désormais sans justification possible, le pourvoyeur de la mort. Et, d'autre part, il aurait non seulement aggravé la situation en laissant les indigènes prendre du courage, de l'audace, accroître leurs moyens de résistance, mais il aurait avec préméditation entretenu l'erreur, arrêté l'essor du commerce. C'était une tâche facile et de tout repos, mais non le lot d'un honnête homme.

D'aucuns ont proclamé que, malgré tout et dût-on aller plus lentement, il fallait néanmoins, par humanité, par prudence, user exclusivement de moyens pacifiques et persuasifs.

C'était, répétons-le, rester tout d'abord aveugle devant quinze années d'enseignements tragiques et péremptoires; c'était aussi se duper soi-même sur les mots et les idées.

Car, qu'on le veille ou non, la méthode de pénétration pacifique, telle qu'on la conçoit, par l'extension abusive qu'on en fait, est à la fois improductive, trompeuse, instable, immorale et indélicate.

Sans doute, appliquée à l'établissement, dans des pays étrangers que nous ne saurions songer à conquérir et à administrer, de notre prééminence morale et économique, elle se justifie entièrement. L'expression elle-même peint à merveille, littéralement, l'action entreprise. C'est cette action que pratiquent les peuples civilisés désireux de se créer une situation privilégiée et de s'ouvrir un marché chez d'autres peuples également civilisés, mais moins développés. Les diplomates, les commerçants font de la pénétration pacifique et de la meilleure en Extrême-Orient ou dans l'Amérique du Sud. C'est alors une lutte louable, une émulation profitable, d'où sortent des avantages moraux et matériels pour les plus habiles, sans que le peuple pénétré, dont l'indépendance et la dignité ne sont point en jeu, s'en trouve amoindri, bien au contraire.

Peut-être, aussi, une telle méthode est-elle susceptible de s'appliquer fructueusement, en matière de colonisation cette fois, soit à des groupements ethniques affaiblis, accoutumés par un long apprentissage au joug étranger, pacifiques à outrance par nature, préférant la sujétion à la vie libre qui nécessite une activité fatigante, soit à des peuples intelligents et forts, mais retardataires, qui voient, dans l'influence à laquelle ils vont être soumis, un moyen de marcher à grands pas vers la civilisation, de bénéficier à cet effet des avantages qu'on leur apporte et qui acceptent librement une intervention tutélaire. Mais où sont de tels groupements, de tels peuples?

Ce n'est pas dans la forêt de la Côte d'Ivoire qu'on les trouvera.

Il faut, pour admettre que la méthode de pénétration pacifique puisse, ici, donner des résultats, ou bien être complètement ignorant du passé qui va de 1893 à 1908, ou bien être un utopiste que la générosité mène à l'erreur, ou bien encore avoir intérêt à flatter une fausse tendance de l'opinion.

A n'en pas douter, la méthode que nous incriminons est bien faite pour séduire. Conception de notre humanitarisme souvent outrancier, elle répond dans son principe à notre idéal de peuple-apôtre, respectueux du droit d'autrui, désireux de répandre la civilisation par le seul prestige de celle-ci, soucieux de convaincre, ennemi de la force. Il n'est pas un Français qui ne lui accorde sa préférence. Elle suffirait à faire admettre la colonisation par ceux-mêmes qui en sont les adversaires, parce qu'elle dispense cette dernière d'être oppressive pour ne lui laisser que son caractère libérateur, que sa fin éducatrice et économique.

Mais ce n'est pas tout, pour une méthode, d'avoir des qualités et des vertus indubitables dans sa conception. Encore faut-il qu'elle puisse être appliquée. Or l'application de celle qui nous concerne est, nous l'avons dit, une question d'espèce. Et la Côte d'Ivoire ne lui offre malheureusement pas un champ d'application.

Qu'on veuille bien dire, en effet, ce qu'elle a produit dans cette colonie — en admettant qu'on en usa réellement, en abondant ainsi dans le sens de ceux qui opposent à la politique actuelle le mode d'action passé. Pour lui trouver, après l'exposé historique par lequel débute la présente étude, un avantage pratique, il faut nier la réalité des événements, s'obstiner à fermer les yeux sur l'inutilité d'efforts renouvelés. Car, si après ces efforts, nous avions pu jeter quelques jalons dans la forêt, sans répondre de leur solidité, la certitude a été douloureusement, tragiquement acquise que nous ne saurions ni administrer ni développer économiquement le pays jalonné.

Au surplus, en dehors des utopistes sincères ou professionnels, de ceux qui n'ont pas la charge des initiatives à prendre et le poids des responsabilités, il n'est pas un colonial pratiquant qui, s'il est sincère, ne soit prêt à reconnaître l'impossibilité absolue de faire accepter bénévolement et complaisamment notre autorité, notre tutelle et leurs charges à des indigènes sauvages, libres jusqu'alors dans la barbarie, bien armés et amoureux de la guerre comme d'un sport recherché.

Certes, des explorateurs peuvent une première fois passer dans un pays neuf, des commerçants même peuvent le parcourir. C'est qu'ils n'ont, eux, rien à demander; ils donnent, au contraire, et d'autant plus largement qu'ils veulent obtenir plus de résultats. Rien ne serait plus aisé que de trouver, dans l'histoire de la Côte d'Ivoire, de singuliers et fréquents exemples d'une telle assertion.

Il est également possible que des postes soient créés, en profitant du prestige dont jouit au début le Blanc et de la surprise, de la crainte aussi qu'inspirent sa venue, sa présence, ses procédés, son genre de vie.

Mais le chef de poste n'est pas placé dans une région, il n'est pas payé pour observer la nature et procéder à des études ethnographiques, botaniques, géologiques ou linguistiques. Il a pour mission d'administrer. Qu'on traduise ce mot. Dans tous les pays du monde, en Europe comme en Afrique, administrer, c'est, en fin de compte, en vue des buts à atteindre dans l'intérêt général comme dans l'intérêt supérieur de la civilisation, imposer des règlements, limiter les libertés particulières au profit de la liberté de tous, percevoir des taxes. Que l'on trouve, sur notre terre, une contrée, si petite soit-elle, où l'administration soit aimée, sauf par ceux qui en vivent, où les entraves qu'elle fait naître forcément soient acceptées d'un cœur joyeux, où le contribuable vienne spontanément, empressé, satisfait et reconnaissant, verser sa quote-part. Cette contrée n'existe pas. Et l'on voudrait que l'administration fût accueillie sans heurts et sans révoltes par des sauvages qui n'ont jamais connu que les lois du bon plaisir, de l'instinct et de la force? Le prétendre, c'est soutenir un paradoxe. Il est vrai que cette sorte de proposition a un cours de faveur dans l'opinion française et qu'il suffit, pour plaire généralement à cette dernière, d'émettre une idée en apparence généreuse et humanitaire, fût-elle d'une application impossible.

Or, la méthode de pénétration pacifique répond-elle vraiment à une idée de cette nature? Est-il généreux, est-il humanitaire, quand on sait qu'une telle méthode entraîne, dans un pays déterminé, des pertes considérables et constantes, qu'elle ne fait pas progresser d'un pas la civilisation, de la pratiquer? Peut-on admettre qu'on perpétue, en réalité, l'état de guerre sous le couvert trompeur de la persuasion et du pacifisme, qu'on soit obligé, pour se défendre, d'envisager toujours comme une nécessité inévitable et prochaine la mort de centaines d'indigènes tués dans des engagements dont on se garde bien de parler? Et ne faut-il pas plutôt voir, dans cette idée, dans cette méthode, les fruits de pures spéculations de l'esprit qui répondent à un désir élevé, sans doute, mais favorisent l'inaction, si chère à la majorité des natures humaines?

Pour conclure, ne peut-on qualifier, dès lors, d'improductive et trompeuse la méthode de pénétration pacifique?

Nous disions plus haut qu'elle est instable. Et, en effet, ses résultats n'ont pas d'autre base que la confiance inspirée par un homme à une catégorie déterminée d'indigènes.

Un administrateur convaincu peut paraître, sans doute, la pratiquer un moment avec succès. Nous lui supposons des qualités de patience et de douceur rares, une force de conviction exceptionnelle, une autorité morale admirable, une puissance de persuasion sans égale, disons une séduction surhumaine. Nous en faisons, en un mot, le missionnaire rêvé de la civilisation, l'apôtre idéal de la colonisation; admettons encore qu'il exerce ses facultés anormales sur une tribu non pas habituellement douce, aisément abordable et disposée par nature à subir toutes les influences, car ce serait alors prendre un exemple qu'on ne trouve nulle part dans la forêt de la Côte d'Ivoire, mais sur une tribu momentanément en paix, en état spécial de réceptivité, si l'on peut ainsi s'exprimer.

Cet administrateur agira et, certes, obtiendra des résultats sur lesquels, tout d'abord, on ne manquera pas de s'extasier. Nous voulons même encore supposer qu'il est livré à ses seuls moyens moraux et qu'il n'emploie pas, suivant la règle habituelle en pareil cas, le « cadeau » comme argument, car, dans ce cas, l'expérience perdrait singulièrement de sa valeur.

Les résultats qu'il aura acquis seront néanmoins passagers, incertains. D'une part, en effet, la mentalité des indigènes se modifie du jour au lendemain sous l'action d'une ivresse, d'une contestation banale, d'une jalousie, d'un féticheur. C'est une vérité évidente, primordiale, que telle tribu hier absolument calme s'agite aujourd'hui subitement, parce que les fétiches en ont ainsi ordonné, parce qu'une femme a excité les cœurs, parce qu'un jeune guerrier a voulu affirmer son courage et sa force, parce que le vin de palme a coulé à trop larges bords, parce que deux villages se disputent un lopin de terre ou qu'une succession s'est ouverte. De ce jour, notre administrateur perd de sa puissance morale. Heureux encore s'il n'est pas aussitôt englobé dans les haines d'un parti, car il devra se prononcer, juger peut-être et, ne serait-ce qu'en apparence, il favorisera les uns contre les autres.

D'autre part — c'est là le point délicat — nous ne pouvons supposer que l'administrateur aura pour unique mission de plaire. Un moment viendra où il devra demander. Une première fois, il est possible qu'il reçoive sans aucune peine un léger tribut. Mais, déjà, ce tribut, dans toutes les parties de la forêt de la Côte d'Ivoire, sera baptisé « amende » par les indigènes. Pour eux, il n'est pas d'autre conception lorsqu'il s'agit de l'impôt. Encore, notre fonctionnaire-type devra-t-il ou bien être extrêmement modéré dans ses demandes, ou bien accepter ce qu'on lui donnera de bon gré. Mais qu'il ne renouvelle pas son exigence, car il éprouvera un refus et, s'il passe outre, il deviendra l'ennemi que l'on guette, que l'on abat au coin du bois comme un gibier de choix. Quoi que l'on tente, on n'a pu faire admettre à des indigènes que l'impôt soit une contribution annuelle, versée en échange d'appréciables bienfaits.

Et si notre administrateur change — ce qui est la règle dans un pays tropical où les séjours ne sauraient se prolonger sans risques graves pour la santé — il y a de grandes chances pour que son successeur ne possède pas toutes ses qualités d'exception et, surtout, les mêmes qualités. Tout est remis en question, car tout est question de personnes et de nuances.

Les indigènes, également, se remplacent, les chefs se succèdent et chaque changement crée une période d'hésitation, d'observation, de défiance, qui nuit à une bonne administration quand elle ne se traduit pas par un conflit.

Nul ne pourrait prétendre que nous ne venons pas de tracer un tableau de la réalité et peint l'instabilité de la pénétration pacifique.

Ce caractère est, on l'a vu, la résultante de l'application fatale du seul mode d'administration praticable en pareil cas, nous voulons dire du procédé de politique personnelle.

Celle-ci peut, évidemment, produire des effets passagers dont il est loisible de se déclarer satisfait, mais son moindre défaut est de remettre en état la situation de chaque division administrative à toute mutation.

Bien plus, l'administrateur qui la pratique, soit par suite d'une tournure spéciale et fâcheuse de son esprit, soit parce qu'il est dans l'impossibilité de compter sur d'autres moyens que les ressources de sa propre nature, ne tire pas de sa circonscription tout ce qu'elle peut donner. Il est contraint à se créer des sympathies qui lui assurent à tout prix la tranquillité, à rechercher une popularité destinée à lui servir d'appui moral, à favoriser sans cesse ceux qui le secondent, toujours par intérêt. Il donne des garanties aux tribus et, nécessairement, « lâche la main », obligé qu'il est de ne s'aliéner personne, de fermer les yeux sur les actes déplorables. Il perd la force nécessaire pour satisfaire aux légitimes exigences de l'administration et du progrès. La perception de l'impôt est faite sur des données inexactes, soit qu'elle ne porte pas sur la totalité de la population imposable, soit qu'elle n'ait pas pour base le taux à adopter. Les chemins et pistes ne sont pas entretenus comme il conviendrait, parce que l'apathie de l'indigène n'étant pas suffisamment secouée, celui-ci ne fait rien pour collaborer, quoique dans son intérêt, à l'œuvre commune. Le respect même dû à l'Européen se perd vite. L'impersonnalité de l'administration, en un mot, n'étant pas respectée, la tâche accomplie par chaque administrateur devient inutile. Il faut un renouveau d'initiative et de travail créateur à chaque changement de personnel. Le labeur des individus peut se comparer à celui de Sisyphe, image de l'action toujours opérante, mais toujours improductive.

Mais la méthode de pénétration pacifique n'est pas seulement entachée des vices que nous venons déjà de trouver en elle ; il faut encore lui reprocher son immoralité.

Impuissante, en effet, devant les groupements qui, sauvages à l'extrême ou simplement réfractaires par suite d'un incident, d'une succession, d'une mutation, se refusent à admettre notre contact, elle fait supporter toutes les charges de l'administration aux seules tribus soumises. Ainsi, la soumission devient rapidement odieuse et ne se paie pas seulement d'un renoncement à des habitudes barbares, mais anciennes et douces, à des instincts chers ; ceux qui se soumettent sont imposés, ceux qui résistent sont libres et sans sujétions. Les premiers, en outre, encourent généralement des représailles pour nous avoir acceptés et sont honnis par les tribus voisines. Singulière politique que celle qui donne une prime à l'insurrection ! Mais spectacle longtemps ordinaire à la Côte d'Ivoire, au sujet de laquelle on peut réellement dire que les appréciations ci-dessus constituent une partie de son histoire traduite en principes.

La méthode de pénétration pacifique, enfin, est indélicate, car les résultats instables et immoraux qu'elle entraîne trompent l'opinion publique, laissant croire à une pacification profonde quand la paix obtenue, moyennant un prix d'habitude fâcheux pour la dignité du peuple colonisateur, est seulement une façade prête à se lézarder au moindre fait inattendu. Heureux encore quand ce trompe-l'œil n'est pas exploité par des ambitieux !

Bien plus, comme cette même méthode ne produit d'effets que si ceux qui la pratiquent ne demandent rien, elle abuse les indigènes sur nos intentions légitimes et raisonnables, contribuant encore, de la sorte, à entretenir une dangereuse instabilité. C'est ainsi qu'en mainte colonie, outre la Côte d'Ivoire, il nous faut souvent revenir, les armes à la main, à la vive surprise de la métropole, dans des régions considérées depuis longtemps comme soumises, alors que nous avions seulement, en réalité, endormi tout à fait provisoirement les craintes et les défiances des natifs.

Si donc il faut renoncer à la pénétration pacifique, quel autre moyen s'offre au Blanc pour établir son autorité sur les races noires, au cas où celles-ci n'acceptent pas d'emblée notre présence et sont résolues à repousser nos efforts colonisateurs ?

Une méthode particulière a été prônée. C'est celle qui consiste, dans l'esprit de ses partisans, à laisser au commerce le soin de séduire l'indigène et de préparer l'avenir. L'idée n'est pas nouvelle : elle constitue un reste de l'histoire coloniale. Par elle se perpétue le rôle autrefois dévolu aux grandes compagnies. De nos jours, c'est à la multitude des commerçants qu'il appartiendrait de gagner la confiance du Noir, de faire tomber les armes de ses mains pour y mettre un outil de travail joyeusement accepté, de gagner définitivement et sans arrière-pensée des esprits frustes.

Etrange utopie ! Comme si, à regarder l'humanité, on pouvait concevoir que les vertus de l'apôtre se trouvent davantage chez des individus livrés à eux-mêmes, préoccupés seulement des gains à réaliser, absorbés par des occupations matérielles et, surtout, dépourvus de toute doctrine, opposés, par obligation, à toute uniformité plutôt que chez des agents préparés à leur tâche, disciplinés, encadrés, surveillés, désintéressés, commandés par des principes davantage que par des hommes.

Mais qu'il est aisé d'écrire des pages séductrices et littéraires à propos d'une telle théorie! Et comme l'on trouve facilement des admirateurs disposés à croire, d'une façon absolue, sans distinction de colonies et de races, qu'il est, pour l'apaisement de régions sauvages, « un profit plus grand du premier sac de caoutchouc honnêtement troqué contre des cotonnades que d'un village réduit ou d'une peuplade vaincue ».

Cette affirmation qu'exprimait, il y a quelques mois, l'une de nos revues coloniales, est de nature à donner le change à ceux qui n'ont aucune notion des nécessités que crée le devoir de civiliser en administrant. A l'admettre, on se prépare de tristes et décevants réveils.

Si la méthode, du reste, a trouvé dans le passé des motifs de survivance, elle nous est revenue d'Allemagne en droite ligne. Ce n'est pas d'aujourd'hui. Voici comment, dès 1885, le savant économiste, M. P. Leroy-Beaulieu, s'exprimait à son propos :

Quant aux colonies d'Allemagne sur la côte d'Afrique, elles affectent, jusqu'ici, la forme de simples comptoirs commerciaux. Si elles s'en tenaient là, le développement ne pourrait pas en être bien rapide.

Au Cameroun, par exemple, le commerce était estimé à 3 millions de francs à l'exportation et 2 millions à l'importation. Dût-il doubler ou tripler, ce serait un mince résultat. Pour que le trafic s'accroisse considérablement avec les peuplades d'Afrique, il faudrait établir une autorité ferme à l'intérieur, qui fit régner la paix et y supprimât l'esclavage, les massacres. M. de Bismarck s'est toujours défendu de cette pensée d'intrusion. Il ne veut pas, dit-il, faire de la colonisation à la française; il entend seulement protéger les commerçants allemands là où ils sont établis. Si l'Allemagne reste fidèle à ce programme, ses comptoirs pourront avoir un certain intérêt politique et même scientifique, mais de longtemps ils n'atteindront pas à une importance très considérable. Seulement, une fois le pavillon allemand engagé sur ces côtes, on le portera peut-être beaucoup plus loin qu'on ne le pense aujourd'hui.

La distinction que veut établir M. de Bismarck entre la colonisation française, qui serait essentiellement et traditionnellement militaire et conquérante, et la colonisation allemande, qui resterait perpétuellement pacifique et commerciale, n'a pas toute la portée que lui attribue sincèrement le grand chancelier de l'Empire. Ce n'est pas volontairement et en raison d'un plan prémédité que la colonisation française recourt aux armes. Les premiers établissements de la France en Afrique, au Sénégal, étaient de simples comptoirs; les colons français, à l'origine de notre installation au Canada, ne furent, pour la plupart, que de hardis chasseurs et des trafiquants en pelleteries. De même, au Tonkin, les premiers Français qui visitèrent ce pays, à savoir Dupuis et ses compagnons, ne se proposaient que de faire le commerce A Madagascar aussi, nos nationaux s'étaient installés pacifiquement, faisant le commerce et achetant des terres aux naturels. *Mais quand les nationaux d'un grand Etat civilisé se trouvent dispersés au milieu de populations sauvages ou barbares, qui n'ont pas de gouvernements fixes et qui ne se font pas une idée exacte de la puissance des peuples européens, il est inévitable qu'au bout d'un temps plus ou moins long des incidents surgissent qui obligent la nation colonisatrice à intervenir dans les affaires intérieures de la population indigène, à lui imposer par la force une loi et une administration. Quelques dénis de justice à l'endroit des commerçants ou résidents européens, quelques pillages, quelques massacres de trafiquants ou de colons, quelques insultes au pavillon civilisé, ce sont là des incidents inévitables, qui deviennent d'autant plus fréquents qu'on hésite davantage à les châtier. Aussi faut-il, en fin de compte, malgré toutes les résolutions pacifiques de la première heure, établir solidement la prépondérance politique et administrative de la nation colonisatrice sur toute la population du territoire où quelques colons européens ont commencé à mettre le pied.* Il est des abus, d'ailleurs, qui, tout en ne s'appliquant pas à la population indigène, ne peuvent laisser insensibles et froids des résidents européens... Les désordres, en quelque sorte permanents, de la barbarie attirent nécessairement l'intervention de plus en plus active et de plus en plus complète du gouvernement européen qui en est le témoin et qui, s'il ne s'efforçait pas de les réprimer, en deviendrait le complice.

Citant un exemple de colonisation commerciale allemande, M. Leroy-Beaulieu ajoute :

La concession de pouvoirs politiques et administratifs à une compagnie de capitaux n'a jamais été jusqu'ici qu'un des procédés d'une colonisation récente... Qu'on lui accorde, si l'on veut (à cette compagnie), un quart de siècle d'existence, même un demi siècle ; au bout d'un temps plus ou moins long, cet intermédiaire de la première heure disparaîtra, laissant voir le véritable colonisateur, à savoir l'Empire allemand. *Il est facile de s'abstenir complètement de toute colonisation ; mais il est chimérique, entré dans cette carrière entraînante, de vouloir limiter à un cercle étroit et à un mode déterminé d'avance l'activité colonisatrice d'un grand Etat.*

... *L'idée que l'on peut, en quelque sorte, civiliser l'Afrique ou, tout au moins, en développer les richesses naturelles sans prendre toute la direction économique et politique des peuplades africaines est une idée frivole. Les années écoulées ont donné un prompt démenti aux théories tout idéales exposées par M. de Bismarck.*

En dehors de la valeur de vérités que donnent à ces idées l'expérience et l'autorité de leur auteur, leur expression les dispense de tout commentaire qui en affaiblirait la force. Nous nous bornerons à dire qu'il ne reste plus guère de choix, désormais, parmi les méthodes à appliquer en vue de la pénétration, de la pacification et de la colonisation des pays noirs.

Car il faut prendre un parti ou renoncer à la possession de colonies. Il convient d'admettre que des tribus nègres, accoutumées à un état social dont elles ne voient pas, comme nous autres, civilisés, les abus intolérables, ne sauraient davantage accepter de gaieté de cœur l'établissement d'une autorité étrangère réformatrice que nous n'accepterions nous-mêmes un joug quelconque sans révolte ni résistance. Il est donc de toute honnêteté d'envisager les conséquences fatales d'une extension territoriale en Afrique qui constitue toujours, considérée en soi, abstraction faite des exigences morales et économiques actuelles et quelle que soit sa forme, une atteinte portée à la liberté, aux traditions, à l'existence des peuples noirs. Ces conséquences sont, du reste, pleinement légitimées par l'usage inadmissible que font, de cette liberté, les peuples dont il s'agit.

Du moment que la colonisation s'impose aux grandes puissances, celles-ci sont tenues d'en subir elles-mêmes les lois, au premier rang desquelles se placent l'obligation de faire disparaître les excès et, conséquemment, la nécessité de disposer du pouvoir convenable. Mais celui-ci, on l'a vu, ne saurait s'acquérir par les seuls procédés de persuasion qui ne convainquent nullement l'indigène et lui laissent seulement l'impression de notre faiblesse, d'une faiblesse dont ils sont si vite résolus à faire bon marché. L'exemple de la Côte d'Ivoire nous permet d'affirmer à nouveau, en nous basant sur les seuls faits, sans crainte d'être démentis sinon par des déclarations de principes, séduisantes peut-être, mais oiseuses, que les méthodes purement pacifiques sont plus meurtrières, plus dangereuses, moins dignes de nous dans leurs résultats qu'une méthode de pénétration active et ferme. Celle-ci, en effet, loin de perpétuer un état de choses aussi fâcheux que celui dont la Côte d'Ivoire fut quinze ans le théâtre, entreprend au plus tôt la lutte, dans tous les cas inévitable, de la civilisation contre la barbarie; elle réduit du même coup au minimum l'emploi de la force, à la condition expresse qu'elle soit appliquée selon des principes humanitaires et des directives consciencieuses.

Le président Roosevelt n'exprimait pas une autre idée lorsque, pendant son récent séjour en Angleterre, il prononça le discours fameux resté présent à toutes les mémoires : « Le rôle de colonisateur, disait-il en substance, impose comme premier devoir de se mettre en mesure de civiliser; or, la mentalité de certains peuples constituerait toujours un obstacle invincible si la force n'était prête à répondre à leurs propres violences de barbares irréductibles. Le choix du but se substitue, dès lors, au choix des moyens, étant entendu que ceux-ci ne sauraient jamais, sous aucun prétexte, outrepasser les droits que crée la défense ni les règles que trace la civilisation elle-même. »

Le langage du grand homme d'État américain a semblé rude à nos sensibles esprits et, pourtant, il traduisait une réalité qu'on se refuse à regarder en face. Par suite d'une singulière tendance de notre nature, nous voyons, sans parler ici des purs théoriciens de la colonisation, des coloniaux véritables soutenir l'opinion, plus facile à émettre qu'à pratiquer, d'après laquelle les Noirs, sensibles à nos bons procédés, viennent à nous par unique sympathie et nous aiment. La vérité est que les indigènes jouissent de ces procédés, mais n'en continuent pas moins de nous considérer comme des intrus, estimant, dans leur for intérieur, qu'ils n'étaient point si misérables avant notre venue. Que nous ne puissions admettre l'existence du bonheur social là où se pratiquent tous les excès de la barbarie, rien de plus naturel. Mais nous ne pouvons davantage empêcher notre présence d'être, en tout état de cause, considérée comme un joug, nous n'avons pas la possibilité de faire disparaître cette sorte de répulsion physique éprouvée par les Noirs à l'égard des Blancs, parce que, disent les premiers, nous sentons la mort. C'est la nature qui parle dans les deux cas. A nous de mettre notre tutelle obligatoire au service unique de la noble cause de la civilisation et, sans nous laisser décourager par l'insuffisance immédiate de notre action morale sur des âmes primitives et barbares, de faire le bien quand même. Et si l'on vient prétendre que nous pouvons espérer gagner des cœurs inaptes à nous comprendre et à nous admettre, nous invoquerons l'exemple de celles de nos colonies où les haines de races et de couleur sont restées ardentes et tenaces comme au premier jour. Des incidents trop fréquents prouvent constamment que ces haines subsistent. Et si, en outre, malgré cet exemple, pénible sans doute, mais non suffisant pour nous détourner de notre devoir, des utopistes persistent à compter sur la seule persuasion, nous serons en droit d'affirmer que toute discussion est vaine qui a un point de départ en opposition aussi complète avec la réalité.

Est-ce à dire que toute politique coloniale soit inopérante? Non point. Cela signifie seulement qu'il ne faut pas considérer la nature humaine comme uniformément belle et avide de civilisation. Tout est relatif et ce n'est pas d'aujourd'hui qu'est vrai le proverbe suivant : Vérité en deçà des mers, erreurs au delà. On admettra bien que les Noirs, pas plus que les Jaunes, ne sont préparés à trouver d'emblée supérieures, enviables et dignes d'être aussitôt substituées aux leurs, les conceptions que, pour nos besoins, pour notre propre satisfaction intellectuelle et morale, nous voulons faire admettre par tous les peuples de la terre.

Concluons en rappelant ce que fut l'histoire de notre établissement en Afrique. Il suffit de se souvenir que les pages les plus glorieuses de l'armée coloniale tiennent dans cette histoire pour accepter comme une vérité essentielle l'affirmation qu'un peuple noir n'accepte pas définitivement notre autorité et ses conséquences avant d'avoir pris conscience de notre force. Celle-ci, seule, impose le respect à des individus qui l'ont prise de tout temps pour base unique de leur droit; bien plus, elle entraîne leur sympathie et leur admiration. Qu'elle fasse couler du sang, c'est là une nécessité déplorable, sans aucun doute. Mais nous répétons, d'une part, que ce sang n'est épargné par aucune méthode colonisatrice et, d'autre part, nous rappelons qu'il coule trop abondant, même chez les peuples civilisés, sans avoir toujours l'excuse d'être versé au nom de la civilisation.

***

Etait-il besoin qu'un gouverneur de la Côte d'Ivoire se fît, en 1908, tous ces raisonnements pour se déterminer à user de ce qu'on a appelé la « manière forte »? La première vertu d'un administrateur est la décision; son premier devoir est de s'assurer la possibilité d'administrer. En l'espèce, cette possibilité n'existait pas pour la partie forestière de la colonie; quinze ans de piétinements meurtriers avaient démontré l'erreur commise en intervertissant l'ordre des rôles confiés, partout ailleurs, aux officiers et aux fonctionnaires civils, ceux-ci ayant précédé ceux-là, contre toute logique; le pays était en défiance, sourdement hostile, préparé par notre mansuétude antérieure à nous refuser toute marque de soumission, pénétré de cette idée que sa force était égale à la nôtre, par suite des résistances qu'il nous avait opposées, des échecs qu'il nous avait infligés, de l'habitude que nous avions prise de ne pousser à fond aucun avantage de manière à le rendre décisif.

Notre prestige était en jeu; des nécessités administratives, financières et économiques commandaient de changer d'urgence la face des choses. M. Angoulvant s'y détermina rapidement, non sans avoir pris, toutefois, la sage précaution d'étudier scrupuleusement la situation. Débarqué à Grand-Bassam le 25 avril 1908, c'est le 26 novembre suivant qu'il pose les bases du programme auquel il s'arrête. Il ne dissimule rien de ses idées et de ses réflexions :

À la veille de me rendre à Dakar, écrit-il aux commerçants et aux fonctionnaires à la dernière de ces dates, je tiens à vous exposer mes vues sur la situation actuelle de notre colonie et sur les mesures qui me paraissent propres à assurer son développement intensif.

L'examen auquel je vais me livrer en votre compagnie et les conclusions que j'en tirerai ne sont nullement prématurés.

J'ai pu, au cours des sept derniers mois, me faire, du pays confié à mes soins, une idée assez exacte pour qu'il me soit permis d'exprimer mon opinion motivée sur l'avenir auquel il semble destiné, si nous savons et voulons mettre à profit les ressources variées dont la nature l'a comblé.

Les tournées que je viens d'accomplir dans diverses régions de la colonie m'ont mis à même de me rendre compte, sur place, à la fois de l'état politique des cercles visités, des besoins de la population indigène, de la situation des entreprises privées européennes et, généralement, des progrès du mouvement économique.

J'ai estimé que j'avais pour premier devoir d'observer, par moi-même et de près, l'évolution des races locales, les moyens pratiqués pour rendre efficaces notre conquête, notre tutelle et notre administration, les faits et facteurs variés qui président à la mise en valeur et à la prospérité du pays.

C'est pourquoi j'ai consacré à des voyages d'études tout le temps dont je disposais. S'il ne m'a pas été possible, jusqu'ici, de parcourir encore certaines parties de la colonie primitivement inscrites à mon programme de tournées, du moins ai-je vu et entretenu de mes conceptions la presque totalité des administrateurs de cercle.

De tous j'ai reçu, conformément à mes prescriptions, des rapports détaillés sur l'état présent de leur territoire : ces rapports ont été l'objet de ma plus minutieuse attention. Ensemble, nous avons déjà étudié maints problèmes divers qui sollicitaient mon examen.

Egalement, j'ai tenu à me mettre en contact avec les commerçants et colons, sans distinction d'origine ou de situation ; j'ai reçu, au cours de réunions officielles et d'entretiens familiers, leurs desiderata et leurs doléances, auxquels j'ai fait droit dans la mesure du possible ; j'ai pris leurs avis, les associant ainsi, dans ma pensée, à mes travaux et à mes efforts...

... Je vais présenter tout d'abord, ci-après, en quelque sorte le « bilan moral » de la colonie. Il n'est pas mauvais, au seuil d'une nouvelle période d'activité, de faire l'examen de la situation générale, d'apprécier les initiatives et les mesures prises, de les comparer aux résultats obtenus, de rechercher, en regard des ressources matérielles et morales existantes, les méthodes et les procédés susceptibles de développer ces dernières sans risquer de s'attarder vainement et de commettre des erreurs.

Je suis assuré, du reste, de répondre au désir de tous en exposant ma manière de voir et mes intentions. Chacun, dans sa sphère, conçoit que ses efforts ne vont pas sans responsabilité et ne peuvent aboutir sans entente avec l'autorité dirigeante. Chacun travaille à préparer l'avenir, mais sent que la partie la plus ingrate et la plus difficile de sa tâche consiste, précisément, à employer des moyens en rapport avec le programme qu'il doit remplir.

Il est donc fructueux de déterminer ce programme et c'est pour y pourvoir, de concert avec tous les intéressés, que je m'adresse à mes collaborateurs les plus immédiats comme aux représentants les plus autorisés de la colonisation. Les uns et les autres pourront juger que je ne prétends pas être absolu dans mes déclarations et me passer de leur concours dans la poursuite du but.

Bien au contraire — et par ce seul fait que je tiens à éviter tout objectif sans portée générale, toute décision à courte vue — je ne mets pas l'administration au service de tous sans faire appel à la collaboration de tous également.

Il nous faut avant tout, aux uns et aux autres, des éléments comparatifs. La situation générale actuelle nous les fournira. Nous aurons ainsi une base, d'où nous pourrons conclure, logiquement, à l'opportunité des mesures à prendre...

Ainsi, pas d'opinions ni de décisions hasardeuses, mais des projets mûris par l'expérience personnelle ou celle d'autrui. Et, ces projets annoncés, M. Angoulvant les motive aussitôt à l'avance, par les considérations générales ci-après :

Une des plus grosses difficultés qu'ait rencontrées l'établissement de notre influence réside dans l'état d'esprit des indigènes, ou, pour tout dire d'un mot, dans la situation morale du pays. Je ne parle pas des régions du Nord, dont les habitants ont trop d'attaches avec le Soudan pour ne pas participer, au point de vue mental et si j'ose dire intellectuel, du degré de civilisation, relatif il est vrai, mais néanmoins incontestable, des populations soudanaises. Les groupes qui peuplent ces régions ont été assouplis par une rude accoutumance au joug des conquérants noirs. Ils ne discutent pas notre suprématie, dont l'exercice constitue pour eux une amélioration incomparable de leur condition morale et matérielle.

Les indigènes du centre de la colonie et de la Basse-Côte d'Ivoire sont réduits à une obéissance reconnue par eux nécessaire partout où il ne reste plus de résistances à vaincre. Mais je n'oserai pas dire qu'ils sont acquis. L'état anarchique antérieur, avec ses avantages réels pour des populations sauvages, est encore trop voisin ; il a laissé partout des traces trop profondes ; sa disparition cause trop de regrets pour qu'il n'en subsiste pas les effets.

Ceux-ci se manifestent par la survivance des luttes intestines, des haines, des jalousies, que traduisent, trop souvent encore, des coups de force des combats de village, des crimes individuels. *L'ordre, qui est fait ici, idéalement, du sacrifice des libertés particulières au profit de la liberté de tous, semble à la masse une pénible, sinon insupportable atteinte à ses seules aspirations conscientes faites d'instincts, de désirs dont la satisfaction serait coupable à nos regards. L'indigène est si peu capable de réflexion qu'il ne compare pas spontanément le présent au passé, ne se rend pas compte que nous lui avons apporté la paix, le droit de circuler à son gré, de s'enrichir par son travail de jouir du fruit de ce dernier. Nous sommes des maîtres et, par conséquent, des individus dont la force est respectable, mais dont les actes, si pleins qu'ils soient de justice et de bonté, ne provoquent pas l'affection.*

Il faudra modifier du tout au tout la mentalité noire pour nous faire comprendre. Ce ne sont pas, en effet, les contemporains des époques d'anarchie qui nous suivront, nous admettront bénévolement, nous aimeront. Si nous avions là-dessus quelque illusion, elle serait détruite par l'empressement qu'apportent trop souvent à tirer profit des avantages de leur situation pour abuser du commun, les favorisés, ceux qui savent nous servir et mériter ainsi notre intérêt spécial. Reconnaissons-le : à l'heure actuelle, l'indigène est encore détaché de nos institutions, indifférent aux efforts que nous faisons pour rendre son sort moins misérable.

Constatation attristante, mais bonne à faire, car, si elle ne peut modifier nos intentions, elle nous dicte notre conduite. De longtemps encore, il faudra donc que nos sujets viennent au progrès malgré eux, comme certains enfants acquièrent l'éducation en dépit de leur répugnance au travail. Nous devons jouer vis-à-vis de l'indigène le rôle de parents fermes et volontaires et c'est à l'autorité à obtenir ce qui serait refusé à la persuasion.

Mais, déjà, le principe qui dominera l'avenir est posé. M. Angoulvant va, tout aussitôt, faire mieux apprécier à quel point il en considère l'application comme indispensable désormais. Nous ne croyons pouvoir mieux faire que de lui laisser le soin de faire connaître lui-même ses idées sur ce point, idées que, loin de les dissimuler, il a tenu à rendre publiques. Nous nous bornons donc à reproduire ci-dessous l'exposé si net de son programme politique, tracé dans ses instructions du 26 novembre 1908, que l'on peut considérer comme la charte de son administration :

J'ai eu l'occasion, à diverses reprises, écrit-il, d'entretenir les administrateurs de ma manière de voir sur la politique à suivre vis-à-vis des populations de la colonie. Mes idées ont été accueillies, en général, avec un empressement qui témoignait de leur légitimité. Plusieurs de mes collaborateurs, et non des moins expérimentés, m'ont même exprimé qu'elles venaient à temps.

J'ai été frappé rapidement, en consultant les administrateurs ou en lisant leurs rapports, par la fausse idée que les indigènes se font de notre occupation. En bien des points de la colonie, ils la considèrent encore comme provisoire et n'hésitent pas à le dire. D'autre part, lorsque j'ai pris contact avec certaines tribus, mon étonnement a été grand en voyant leurs chefs affecter à notre égard une attitude assez peu déférente et une indépendance de caractère qui les poussait jusqu'à vouloir discuter avec nous l'opportunité de nos mesures les plus justes.

Je désire donc qu'il n'y ait désormais aucune hésitation sur la ligne politique à suivre. Cette ligne de conduite doit être uniforme pour toute la colonie, encore que celle-ci, bien éloignée de sa maturité, soit en état de perpétuelle évolution et qu'il s'y présente, en une même région, des situations essentiellement variables qui entraînent, au point de vue du détail, des modes d'action fort dissemblables.

Si les modalités de cette action sont indéfinies, puisqu'elles doivent suivre le développement du pays et s'adapter aux circonstances, elles n'en doivent pas moins avoir une raison d'être invariable, un principe fixe, qui est le principe d'autorité.

Ce dernier s'inspire du but à atteindre, but que j'ai indiqué déjà nettement dans des instructions spéciales adressées à quelques administrateurs, et qui se caractérise ainsi qu'il suit : soumettre tous les éléments hostiles ; gagner les hésitants ; encourager la masse qui, toujours, peut être attirée à nous par l'intérêt en attendant qu'elle le soit un jour par la sympathie ; asseoir en un mot, notre autorité de telle sorte qu'elle soit indiscutable ; traduire, enfin, ces résultats par des effets tangibles, tels que la perception intégrale de l'impôt, le concours donné par l'indigène à la création de l'outillage public, le progrès économique et social.

Pour que ce but soit atteint, il faut que les administrateurs ne le perdent jamais de vue, appliquent à sa poursuite tous les moyens dont ils disposent, fassent taire, si besoin, certaines tendances de leur caractère personnel qui se traduiraient par des initiatives, louables sans doute, mais sans effet immédiat.

Ce que je ne veux pas, c'est que nous fassions, dans ce pays où les esprits au moins sont encore à conquérir, étalage d'une sensiblerie sans résultat Dussions-nous ne pas sembler tenir compte, dès l'abord, des désirs de l'indigène, il importe que nous suivions sans faiblesse l'unique voie susceptible de nous mener au but. Il ne faut pas s'y tromper : ces désirs indigènes sont essentiellement improductifs, opposés à tout progrès. Les respecter, c'est vouloir différer indéfiniment l'établissement de l'ordre. Certes, dans un pays neuf, où le guide du natif fut jusqu'ici presque exclusivement l'instinct, cet ordre ne peut s'obtenir sans provoquer des mécontentements et des heurts : ceux-ci proviennent, du reste, des mauvais éléments, c'est-à-dire de l'infime minorité qui, malheureusement, a d'ordinaire le don d'entraîner la masse à commettre des fautes dont elle est la première, ensuite, à déplorer les conséquences et à répudier les auteurs véritables.

La politique indigène à pratiquer dans ce pays doit donc, littéralement, être bienveillante mais ferme ; sa fermeté se manifeste par la réduction de toutes les résistances, ce qui ne signifie pas qu'elle puisse s'écarter un moment des principes d'humanité dont s'inspire notre action coloniale. S'il convient d'empêcher tous les abus et les excès particuliers, de viser surtout à atteindre le raisonnement de l'indigène et à solliciter sa bonne volonté, d'user de patience, de diplomatie, de longanimité même, il est aussi dangereux qu'impolitique de témoigner de la faiblesse Il est à désirer que l'emploi de la force soit évité mais si celle-ci nous est opposée, nous ne devons pas craindre d'y recourir à notre tour et je suis résolu à donner aux indigènes les plus rudes leçons toutes les fois que, lassant notre mansuétude, ils croiront possible de mettre en échec notre autorité.

Si notre politique est bienveillante, il ne s'ensuit pas qu'elle doive se traduire par une condescendance exagérée vis-à-vis de l'indigène, par un respect outré des intérêts de quelques-uns, chefs pour la plupart, privilégiés, fréquemment peu dignes d'estime, car ils ont acquis leur prestige par des excès préjudiciables à la masse qu'ils nous font trop souvent perdre de vue.

Il est vain de supposer qu'à l'heure actuelle la politique indigène puisse être faite exclusivement de sympathies réciproques. Le croire, c'est s'exposer à une confiance aveugle dont quelques-uns ne manquent jamais de profiter. L'administrateur doit donc ne se départir en aucune circonstance de sa vigilance ; il convient même qu'il soit défiant, les symptômes les plus apparemment futiles pouvant dissimuler des mouvements profonds et étendus.

En un mot, je ne saurais trop dire que la première des conditions à remplir pour tenter quelque chose d'utile et de pratique dans notre colonie, c'est d'établir notre autorité sûr des bases inébranlables. S'il existe la moindre fissure, tout ce que nous ferons sera précaire ; aussi, ne devons-nous tolérer aucune atteinte, si légère soit-elle, à la sécurité. Les événements ont, en pays indigène, une singulière répercussion et le moindre incident, surtout s'il est fâcheux pour nous, se trouve aussitôt grossi et dénaturé. Il appartient, en conséquence, aux administrateurs de veiller attentivement et, si je puis dire, de se tenir aux écoutes. Les manifestations d'impatience ou d'irrespect à l'égard de notre autorité, les manques voulus de bonne volonté sont à réprimer sans délai. Il importe que les populations soient tenues en haleine, maintenues dans la bonne voie par la présence renouvelée de ceux qui ont mission de les commander. Il est de toute nécessité aussi que les mauvais esprits, en général seuls auteurs de désordre, soient isolés et éliminés.

On remarquera la netteté, la franchise de ces déclarations, qui ne laissent aucun doute sur l'attitude à adopter vis-à-vis des populations hostiles de la basse côte et qui sont rendues publiques. Et, à la condition de les lire en entier, de n'en point extraire certains passages pour négliger ceux qui les précèdent, les suivent, en font un tout, on acquiert l'immédiate certitude qu'il y a loin de cette politique nécessaire, rigoureuse pour les mauvais éléments, les fauteurs de désordre, bienveillante pour les bons sujets, à une politique aveuglément brutale, qui frappe sans cesse, dont la force est l'unique moyen, à l'origine de laquelle on trouve, au lieu de la réflexion que dénotent les citations ci-dessus, une hâte nerveuse d'atteindre le but, les décisions d'un esprit agité. Mais, comme le disait un jour à Grand-Bassam M. Angoulvant, dans un discours adressé aux commerçants, « il faut un rude effort pour sortir la voiture de l'ornière ». C'est cet effort qu'il se propose, en 1908, d'accomplir avec le concours de tous, et, craignant qu'on ne persévère dans les errements du passé, sachant combien il est difficile de rompre avec des habitudes vieilles de quinze ans, venues à l'état de traditions administratives, il trace impérieusement la route.

Le résultat à atteindre est alors connu de tous, attendu par tous avec impatience. Son obtention sera un soulagement inespéré pour la colonie tout entière. Il peut et doit être atteint. Encore faut-il cependant que chacun travaille et, avant tout, sache bien ce qu'il aura à faire, se sente assuré d'être guidé, soutenu, couvert pour tout dire. Car, en pareille matière, le meilleur fonctionnaire sait ce qu'il doit de prudence à sa propre situation. Ce n'est pas de lui que viendra l'initiative, et serait-il, du reste, contre toute sagesse, disposé à la prendre qu'il devrait s'en abstenir, faute de moyens, faute de cette coordination des efforts, sans laquelle des prodiges isolés de valeur restent improductifs. Les efforts de tous, M. Angoulvant les soude à l'aide d'un principe directeur unique et lui seul prend sans détour, par nécessité et par devoir, la responsabilité de la politique qui s'appliquera dès ce jour.

L'emploi de la force, jusqu'alors continu mais ignoré, va sans doute devenir, pendant le temps de la pénétration, plus fréquent et plus certain, car le principe d'autorité est de ceux que les natures humaines, sous quelque latitude que ce soit, admettent difficilement. Mais cet emploi se fera ouvertement. Il n'y a pas à dissimuler des besoins et des moyens qui touchent à la civilisation, au prestige national, aux intérêts du commerce et des indigènes eux-mêmes.

Le gouverneur général de l'Afrique Occidentale, M. Ponty, qui connaît à merveille la situation de la Côte d'Ivoire, entend, du reste, que les événements se déroulent en pleine lumière :

...Au Sud, dit-il dans un discours d'ouverture du Conseil de Gouvernement, en peignant l'état politique de la Côte d'Ivoire, une bande forestière d'environ 300 kilomètres de largeur, servant d'asile à des tribus farouches et guerrières dont la plupart, il faut le dire, nous sont inconnues ou hostiles. Celles-ci, admirablement défendues par l'épais rideau de verdure derrière lequel elles s'abritent et se défendent avec une remarquable ténacité, ne se sont jusqu'ici laissé pénétrer que dans une faible mesure, quand elles ne nous ont pas tenu en échec. *C'est que, pour réduire ces peuplades belliqueuses, il faut leur opposer des forces militaires importantes*, très supérieures à celles dont avaient disposé jusqu'à ces derniers temps les différentes administrations de la colonie.

Nous devons la Côte d'Ivoire à la vaillance de nos explorateurs. Avec une habileté digne des plus grands éloges, ils s'y sont répandus en de nombreuses directions, prodigues de cadeaux et de promesses, traitant d'égal à égal avec ces tribus dont les coutumes barbares sont souvent un défi à la civilisation. Il le fallait pour obtenir leur neutralité. Mais dès le jour où nous avons voulu une prise de contact moins incertaine, où nous avons manifesté nos premières exigences — exigences rationnelles à moins de consentir à une véritable abdication de notre mission civilisatrice et de nos droits — les rôles se sont trouvés renversés et les difficultés ont commencé. Il ne pouvait en être autrement chez des populations primitives dépourvues de toute organisation, vivant en pleine anarchie, livrées à leurs pires instincts.

Cette substitution de la manière forte à une méthode stérile de pénétration dite pacifique, qui ne le cède en rien à la première par ses résultats meurtriers, avec cette circonstance aggravante qu'elle les perpétue, cette substitution, disons-nous, s'effectue donc catégoriquement. Le gouverneur général de l'Afrique Occidentale l'a hautement légitimée ainsi qu'on vient de voir; le gouverneur de la Côte d'Ivoire n'est pas moins explicite quand, reproduisant sous une autre forme les idées ci-dessus rappelées, il s'exprime de la sorte :

La pacification de la Côte d'Ivoire est une œuvre de longue haleine dont je n'ai plus besoin de montrer les difficultés... Le problème à résoudre exigeant une grande persévérance, la permanence de l'effort et, surtout, l'application d'une méthode invariable, il est de mon devoir de dire quelle doit être cette dernière...

L'immense zone forestière a servi de champ d'action pour la méthode pacifique... Le fait de n'enregistrer, hors du Sassandra, aucun incident, avait pu produire une illusion. Cette dernière ne résistait pas à un examen un peu sérieux de la situation et, si l'on demandait des résultats positifs, tels qu'un chiffre d'impôt en rapport avec la population admise, qu'un développement économique proportionné aux ressources connues, on se rendait compte, de suite, que le désir d'agir pacifiquement n'avait créé qu'une équivoque.

En effet, l'action pacifique n'est, ne peut être ici autre chose que l'absence de toute action .. Nous paraissions avoir occupé et pacifié le pays parce que, n'agissant pas, incapables d'agir, nous ne provoquions naturellement aucune résistance.

Certes, la colonie avait des ressources déjà sérieuses, bien que notoirement inférieures à ses besoins et à sa capacité financière. Certes, elle produisait, bien que beaucoup au-dessous de ce qu'elle aurait pu produire. Mais, la majeure partie de ses moyens budgétaires provenait des cercles soudaniens et par suite, la Côte d'Ivoire n'avait pas sensiblement progressé depuis l'époque où, pour la faire vivre, lesdits cercles lui étaient rattachés. Mais, aussi, la production commerciale était relativement infime et. le nombre des commerçants venus exploiter ses richesses naturelles croissant assez vite, était à la merci de la première crise économique.

On ne peut même dire que, dans la région forestière, ce que l'indigène fournissait en taxes ou en produits était le fruit de la méthode pacifique en vigueur. Car, chose curieuse, cette méthode ne s'appliquait que là où nous n'agissions ni administrativement ni économiquement. Partout où notre action s'exerçait sous ces deux formes — et combien faiblement — nous avions, à un moment donné, employé la force : toute l'histoire militaire de l'occupation de la côte d'Ivoire tenait dans les régions administrées et mises en valeur.

Ailleurs, nous avions, il est vrai, des postes. Mais leurs chefs ne sortaient pas. Ils n'eussent pu le faire qu'à la condition de ne jamais exercer la moindre autorité et de beaucoup donner. En réalité, si notre pénétration était pacifique, c'est que nos agents se bornaient à rester dans leurs résidences ou payaient de cadeaux, en même temps que de leur dignité, le droit de circuler sans prétention...

...Comment notre représentant servirait-il, dès lors, la civilisation ? N'est-il pas constant que nos administrateurs ont dû, souvent, sans possibilité d'intervenir, obligés qu'ils étaient de garantir leur maintien à tout prix, tolérer des pratiques barbares, telles que les sacrifices humains, l'esclavage, les luttes intestines, les exactions de chefs ? C'était la part du feu. Avouons qu'elle était large et retirait à l'autorité française sa première raison de s'exercer.

Oserait-on soutenir que cette manière d'être rend les indigènes moins rebelles à notre domination? La vérité est qu'ils n'ont de celle-ci aucun respect et qu'elle ne fait aucun progrès pacifiquement. Dans ces conditions, les indigènes auraient mauvaise grâce à s'insurger. Ils n'ont pas eu, néanmoins, dans certaines régions, cette réserve naturelle, bien que la persuasion doublée de cadeaux ait été l'unique procédé employé à leur égard jusqu'à l'an dernier. Leur mentalité ne leur permet pas d'apprécier notre patience et ils ne goûtent nullement notre présence parmi eux, quand bien même cette présence ne se traduit par nul acte d'autorité. Nous sommes les « Blancs », donc l'ennemi qu'il faut détruire ou chasser, si possible. Dire que nous serons acceptés le jour où les indigènes auront compris, à force de conviction, la beauté de nos principes, les avantages de notre civilisation, c'est se contenter de mots, témoigner d'un optimisme de convention, faire preuve d'un esprit abusivement généralisateur, car les habitants de la forêt, dont les Soudanais eux-mêmes ont la plus fâcheuse opinion, sont absolument incapables de cette compréhension. Ils se rendent à peine compte des bénéfices immédiats susceptibles de résulter de notre établissement, à condition que ces bénéfices ne demandent de leur part aucun effort, aucun sacrifice de temps ou de travail...

... Je voudrais que l'on considérât sous son véritable aspect la situation faite ici à nos administrateurs civils et militaires de tout rang par l'état primitif des esprits indigènes, par l'existence d'une incroyable anarchie sociale, par l'habitude séculaire de ne rien faire, par la barbarie naturelle de tous et, aussi, par le caractère d'indépendance que la vie dans une forêt intense a donné à la longue aux tribus, voire aux villages.

L'erreur est de croire qu'il suffit d'avoir de bonnes intentions. Or, si paradoxal que cela paraisse, meilleures sont ces intentions, plus certain est l'échec.

Les exemples abondent qui prouvent l'exactitude des dires de M. Ponty et de M. Angoulvant sur l'impossibilité de s'en tenir aux procédés pacifiques et persuasifs.

C'est la vaine tentative de pénétration du pays attié faite, en 1908 et 1909, par l'administrateur Lamblin et le commis Gourgas, et dont l'aboutissement est l'assassinat de ce dernier après des efforts aussi répétés qu'inutiles pour entrer en relations avec les villages dépendant du poste d'Adzopé.

Ce sont les administrateurs Hostains et Wallon menacés, plusieurs mois durant, jusque dans leur poste de Sahoua, alors chef-lieu du cercle du N'Zi-Comoé, bien qu'ils aient déployé une diplomatie consommée, fait preuve d'une patience, d'un oubli des injures auxquels peu de natures consentiraient à se plier. Ils en sont récompensés par le soulèvement des Agnis, sans lui avoir même donné le prétexte de percevoir l'impôt et de faire exécuter des travaux d'intérêt général de première nécessité.

Ce sont, en novembre 1909, l'administrateur Lahaye et l'adjoint de Villers, lâchement assaillis dans le pays dida, dont l'administrateur Terrasson de Fougères a fait une reconnaissance pacifique admirable de courage, d'audace, de bienveillance, d'habileté et au cours de laquelle il a été plusieurs fois l'objet de tentatives d'assassinat. Au cours de cette agression, de Villers est blessé.

Ce sont les pays akoué, yaouré, ayaou, sur les rives du Bandama, qui n'ont jamais fait, jusqu'en 1909, l'objet d'une pénétration armée, qui ont répondu à l'absence de toute prétention de la part des officiers ou fonctionnaires civils chargés de les administrer par de continuelles rebuffades et qui, se croyant forts parce que nous n'avons pas usé de la force, se soulèvent un beau jour ouvertement, déclarant leur intention de nous chasser.

C'est le Sassandra, soumis d'emblée à l'administration civile, organisé avec une grande douceur, comblé de marques de notre excessive générosité sous forme de cadeaux abondants et renouvelés distribués à la population, qui nous récompense de ces bons procédés par l'assassinat, en 1906 et 1907, du commis Gateuil, du lieutenant Hutin, du capitaine Caveng.

M. Angoulvant n'est-il pas, dès lors, fondé à tirer des faits ci-dessus les conclusions suivantes :

L'expérience du passé aurait pu suffire à me dicter une politique indigène qui n'entraîne pas, en échange de notre mansuétude, de notre patiente douceur, des sacrifices irréparables... Les données que j'ai acquises depuis m'ont amené à considérer comme entraînant une responsabilité morale trop lourde le fait d'imposer à des fonctionnaires l'emploi de la méthode pacifique. Connaissant le pays et ses habitants, je ne me déciderais pas, désormais, à aventurer la vie d'un de mes collaborateurs dans une région à pénétrer, en lui laissant, pour tout moyen d'action, la persuasion.

Depuis que j'ai adopté une pratique différente et partout où j'en ai usé, j'ai obtenu en peu de temps des résultats autrement avantageux, à tous égards. Je n'ai pas seulement, en effet, enregistré la soumission définitive des tribus par leur désarmement ; j'ai acquis l'assurance que les indigènes, nous voyant déterminés à ne pas leur céder, ont pour nous plus d'estime et, disons-le, cet attachement fait de respect et de crainte témoigné par les êtres primitifs à ceux qui sont forts.

La lutte est, ici, absolument inévitable. Qu'en nous insinuant, au début, et en payant le droit de nous installer d'une façon modeste et précaire, exclusive du pouvoir d'administrer, nous retardions le moment où nous serons combattus, il n'en est pas moins vrai que ce moment arrive toujours. J'estime qu'il faut mieux montrer tout de suite nos intentions. Il n'est pas douteux, en effet, que les indigènes, s'il ne sont pas prêts à la guerre, ne résistent pas, je veux dire ne recourent pas à l'insurrection générale d'un groupe ou d'une région.. Des incidents isolés peuvent se produire; ils entraînent moins de pertes que la lutte à outrance, aboutissement certain, en ce pays, de la méthode dite de pénétration pacifique.

Ainsi, M. Ponty, avec la généralité de vues que comportent sa haute fonction et son rôle directeur, M. Angoulvant, avec la précision nécessaire, puisqu'il est chargé de l'exécution, sont entièrement d'accord sur l'état politique de la colonie, ses causes anciennes, les moyens propres à le modifier. Ils ne se paient pas de mots; ils veulent désormais des réalités et, pour les obtenir, la manière forte sera employée, comme la seule efficace.

Cette manière, le gouverneur de la Côte d'Ivoire en caractérise l'usage de la façon suivante :

Je déterminerai ainsi la suite des moyens à employer pour occuper d'une manière décisive et presque sans coup férir une partie quelconque de la zone forestière : y envoyer un fonctionnaire ou un officier appuyé d'un solide détachement de troupes. inviter les villages à désarmer aussitôt, atteindre immédiatement les dissidents qui sont l'infime minorité, puis organiser le pays méthodiquement, le lever, le recenser, le soumettre à l'impôt au taux normal sans songer à l'augmenter d'année en année, mais en tenant compte des ressources, instruire les indigènes des procédés propres à améliorer leur sort matériel et à les enrichir.

Il n'est plus besoin de faire de nouvelles expériences; quinze ans d'épreuves et d'insuccès ont permis de repérer les groupements hostiles et de mesurer leur hostilité. Partout, on peut donc agir à coup sûr. La méthode, du reste, n'est pas seulement pacificatrice, elle est aussi productive et civilisatrice immédiatement. M. Angoulvant en donne la preuve dans l'Attié, que pacifie, suivant les instructions précises dont il a été pourvu, le lieutenant Boudet.

Après avoir désarmé complètement cette importante tribu, ce dernier fait construire d'excellentes routes pour relier le cœur du pays aux centres administratifs ou commerciaux d'Agboville, d'Adzopé, de Zaranou, d'Alépé. Il apprend aux indigènes à récolter le caoutchouc, se transformant lui-même en instructeur technique de ceux dont il a résolu de faire des moniteurs pour les villages et qu'il a choisis avec soin parmi les plus intelligents ; il les presse de se livrer à cette industrie; en trois mois, de ce fait, dix tonnes de latex sortent de la région jusqu'alors étrangère au trafic général. Il fait dégager le lit de la rivière Mé, voie de transport naturelle des billes d'acajou, satisfaisant ainsi le désir des exploitants de bois européens. Il montre aux habitants des villages la manière d'édifier leurs cases hygiéniquement et avec un certain souci du confort. Il procède, en outre, à une étude approfondie du pays et le résultat de ses observations est publié au *Journal officiel* de la colonie.

Voici donc une contrée ouverte à la vie sociale et économique aussitôt que pacifiée. Sans doute, il a fallu, au début, frapper quelques rudes coups, mais l'attitude ancienne des Attiés, l'assassinat du commis Gourgas, la déclaration qu'ils ont faite de l'état de guerre justifient l'emploi des armes, limité au minimum par notre prompte énergie, immédiatement suivi d'une première et généreuse éducation dont profitent sans tarder nos ennemis de la veille.

La méthode a donc fait ses preuves; la colonie gagnerait donc à ce qu'elle fût généralisée. Malgré tout, M. Angoulvant tient à la mieux justifier encore; il semble qu'il ait pris d'avance la mesure de la difficulté qu'allait rencontrer, dans l'opinion mal préparée, sa substitution aux procédés de pénétration si fâcheusement expérimentés dans le passé :

On objectera, déclare-t-il, que la politique vigoureuse, la manière forte, puisqu'on lui a donné ce nom, est contraire à nos principes, à notre génie.

Ce serait exact, si elle s'employait *a priori*, sans que nous nous soyons rendu compte des dispositions de l'indigène, si nous pénétrions dans les pays neufs à la façon de conquérants barbares qui commencent par écraser et s'imposent par la terreur.

Tel n'est point notre cas. Mais du moment que nous connaissons la mentalité commune à toutes les tribus et que cette mentalité les pousse obligatoirement à nous combattre, serait-il pratique et humain d'adopter un moment à leur égard une attitude dont nous ne pouvons attendre que des deuils, des guerres sanglantes, une inutile perte de temps?

Le tout est de savoir, évidemment, si nous voulons occuper le pays et le civiliser. Si oui, il n'y a pas d'autre méthode à employer que celle à laquelle nous avons dû en venir et qui constitue ici une règle impérieuse. Si non, nous pouvons nous en tenir au procédé de la pénétration pacifique. Ce procédé, puisque nous en savons les résultats, aura, non moins que l'autre, le mérite de la franchise. J'ai fait mon devoir en en montrant les dangers et les conséquences.

Je serais tout disposé d'ailleurs, si on voulait tenter un nouvel essai, à faire une expérience dans telle région que l'on voudrait bien me désigner, parmi les parties restant à occuper de la colonie. Le cercle du Haut-Sassandra renferme des territoires immenses absolument inconnus, dans lesquels aucun Européen n'a jusqu'ici pénétré. Il serait aisé d'en constituer un cercle, exclusivement soumis au régime de la persuasion. De cette manière pourraient être dissipés, autrement que par le récit d'événements passés, bien que proches, tous les doutes susceptibles de subsister encore sur la meilleure méthode de politique indigène à adopter.

Pour diriger ce territoire et en commander les postes, je ne désignerais, toutefois, que des fonctionnaires de bonne volonté, prévenus à l'avance des dangers auxquels ils s'exposeraient, ayant fait le sacrifice de leur vie et auxquels je n'hésiterais pas à conseiller de prendre au préalable des dispositions extrêmes pour la sauvegarde de leurs intérêts personnels. J'ajoute que je n'entreprendrais pareille tentative qu'après avoir fait, malgré toutes les précautions prises, les plus extrêmes réserves.

Je crois ne pouvoir mieux exprimer à quel point je considérerais comme imprudent, sinon néfaste, d'apporter le moindre tempérament à l'exécution du programme actuellement appliqué à la Côte d'Ivoire, non, certes, sans difficultés, mais avec la certitude d'un succès aussi prompt que possible. Je n'hésite pas à dire que modifier ce programme en changeant la méthode serait remettre en question les résultats acquis et retarder indéfiniment la pacification définitive, l'organisation administrative, l'ouverture à la civilisation et au progrès économique de la colonie.

Nous ne pensons pas qu'il soit possible de dire avec plus de force que ne l'ont fait le gouverneur général de l'Afrique Occidentale et le gouverneur de la Côte d'Ivoire les exigences d'une situation politique. Nous ne pensons pas, non plus, qu'on puisse plus humainement accorder les rigueurs de la guerre inévitable et le souci de préparer un avenir de paix et de prospérité. Non seulement la méthode franchement appliquée, depuis près de deux ans, par MM. Ponty et Angoulvant observe cette règle fondamentale que M. l'ambassadeur Harmand indiquait dans la *Revue bleue* du 16 juillet dernier : l'économie des efforts et des sacrifices. Non seulement elle tient compte de ce fait que, selon l'expression de l'éminent écrivain ci-dessus, « toute destruction de vie ou de biens matériels, qui n'est pas strictement indispensable, est une faute à la fois économique et politique et parfois un crime », mais elle est créatrice de richesses nouvelles, puisque, jusqu'alors, les régions ainsi soumises n'ont rien produit, génératrice d'efforts et de travail, puisque, précédemment, les indigènes sont restés dans l'oisiveté.

La manière forte, ainsi comprise, trouve, dans son application même, sa plus belle, sa plus légitime raison d'être.

***

Le but que s'est proposé M. Angoulvant n'est pas uniquement de pacifier, mais d'administrer. Dans quel sens le gouverneur de la Côte d'Ivoire oriente-t-il son administration? Celle-ci est-elle oppressive, ignorante des besoins indigènes et des aspirations de notre race, autoritaire dans le mauvais sens du mot; ne connaît-elle, comme on l'a dit, que la contrainte?

Il suffirait, peut-être, pour en apprécier le caractère, de s'en rapporter aux paroles que prononçait, le 11 septembre dernier, à Dimbokro, lors de l'inauguration du pont monumental du N'Zi, devant l'élite des commerçants et des fonctionnaires, M. Angoulvant.

Après avoir exposé les remarquables progrès économiques réalisés depuis le début de l'année, le chef de la colonie ajoutait :

La conclusion qui s'impose alors c'est que là où le malaise persiste, il est dû à des causes qui n'ont rien de politique, tandis qu'ailleurs les causes sont bien d'ordre politique, puisque les affaires progressent en même temps que la pacification. Et c'est pourquoi vous, messieurs les colons — et par ce terme j'entends tous ceux qui collaborent à la mise en valeur du pays — c'est pourquoi, dis-je, vous qui êtes avant tout des hommes des réalisations pratiques, vous êtes bien convaincus aujourd'hui que l'action, inspirée un peu de la manière forte, dont j'ai poursuivi l'application presque au lendemain de mon débarquement dans la possession, est efficace et féconde en résultats heureux.

Est-ce à dire que vous êtes les seuls à en bénéficier? Je dois vous déclarer en toute franchise que si j'avais pu supposer un seul instant qu'il dût en être ainsi; si j'avais pensé que la prospérité de l'élément colonisateur dût se faire aux dépens de l'élément colonisé; si, enfin, il s'était agi d'asservir les indigènes à vos intérêts, je n'aurais jamais entrepris ce que j'ai fait.

C'est encore aux instructions-programme du 26 novembre 1908 que nous aurons recours pour faire apprécier avec précision l'orientation donnée par M. Angoulvant à son administration et en connaître l'esprit.

Il trace, tout d'abord, leur devoir aux administrateurs de cercle et aux chefs de poste et, sans tarder, la préoccupation de servir la cause de l'indigène apparaît à chaque ligne :

A l'égard des indigènes, écrit-il, la mission de l'administrateur est des plus délicates. Elle tire son importance toute spéciale de ce fait qu'elle s'exerce dans un pays où l'indigène seul fournit la main-d'œuvre et alimente l'exportation. J'ai dit, plus haut le chemin qu'il y avait à lui faire parcourir encore, non seulement pour qu'il devienne un artisan de la colonisation, mais même pour que notre autorité lui soit sympathique. *Il convient d'établir entre nous et le natif un contact permanent et de lui faire apprécier, par l'exemple comme par le conseil, que nous sommes guidés par des principes d'humanité dont il est appelé, en toute première ligne, à tirer un bénéfice moral et matériel. Son caractère indifférent ne saurait nous décourager; qu'il le veuille ou non, notre influence s'exerce sur lui et les générations qui viennent, du moins, se ressentiront de nos efforts et de notre action.* Bien mieux, nous devons mettre à profit ses défauts. L'indigène est cupide : que sa cupidité nous serve donc à lui rendre plus désirable la possession des éléments nouveaux de richesse dont nous avons résolu de le doter et dont, à son tour, la colonisation européenne tirera profit par la suite.

Je dirai plus loin comment j'estime qu'il faut s'y prendre pour vaincre sa nonchalance native à son avantage et à celui du progrès économique. *Au point de vue administratif, il n'est pas non plus douteux que nous puissions, je ne dirai pas modifier sa mentalité, lui faire comprendre l'intérêt de nos décisions et de nos mesures, mais lui rendre supportable et habituelle l'observation de ces dernières.*

L'administrateur du cercle ne saurait à lui seul entreprendre cette éducation. Se basant sur les caractères propres des groupes qui rentrent dans les limites de sa circonscription, il lui appartient de tracer des directions précises et d'en surveiller l'application. Mais il doit pouvoir compter sur ses collaborateurs immédiats, les chefs de poste.

Ceux-ci approchent davantage l'indigène. Moins absorbés que le commandant du cercle par les détails d'administration, par les rapports avec le chef-lieu, par l'appréciation des résultats; moins gênés, aussi, par le sentiment de la responsabilité, ils peuvent se donner presque exclusivement à leur rôle d'exécution. Que, d'une part, l'administrateur leur précise bien la tâche qu'il attend d'eux; que, d'autre part, ils s'efforcent eux-mêmes d'apporter dans l'exercice de leurs fonctions toute l'intelligence, tout le bon sens dont ils sont capables, et la mission de chacun se trouvera facilitée.

Ce que je voudrais voir, c'est le chef de poste se livrer avec une sorte de passion à sa besogne, considérer qu'il n'a pas seulement à passer le plus agréablement et le plus confortablement possible le temps de son séjour, mais qu'il se doit tout entier à la région dont il a été jugé digne d'assumer la conduite et qu'il peut y faire du bien. Je serais heureux qu'il se pénétrât toujours de cette idée que toute négligence dans son service, toute indifférence apportée dans l'accomplissement de son devoir, tout manque de zèle et d'initiative sont des causes de retard dans le développement du pays. En outre, le chef de poste, précisément parce qu'il est celui de nos représentants que l'indigène voit le plus souvent et de plus près, doit se distinguer par des qualités morales et une dignité de vie qui donnent aux populations une haute idée de notre administration et en synthétisent à leurs yeux les qualités de sagesse, de respectabilité, de pondération.

...Administrateurs de cercle et chefs de poste doivent, par de fréquentes tournées, apprécier les conditions dans lesquelles s'exécutent leurs ordres et s'observent leurs conseils divers. Il n'est pas douteux que les territoires les mieux tenus en main sont ceux que les fonctionnaires européens ne cessent de parcourir. Dans ces circonscriptions, en effet, le représentant de notre autorité parvient à connaître ses principaux administrés; il n'ignore pas quels sont, même individuellement, les mauvais sujets; il a, sur les ressources et les besoins des villages, des renseignements personnels : il remplit donc plus commodément et plus consciencieusement son office de chef, de conseiller et de guide.

De leur côté, les indigènes, habitués à voir un Européen, à s'adresser à lui, à lui soumettre sans obstacle leurs doléances, leurs différends, leurs désirs, prennent plus d'assurance, deviennent confiants; leur appréhension naturelle se dissipe de proche en proche; leur allure même s'améliore, devient plus franche; ils sont ainsi progressivement préparés au contact prochain du commerçant et du colon. On peut dire, en effet, de l'habitant des pays primitifs, qu'il s'apprivoise. Or, c'est au fonctionnaire qu'il appartient d'exercer cette action morale.

Puis, le gouverneur de la Côte d'Ivoire songe à améliorer l'état social de l'indigène et à le préparer à nous fournir, pour l'administration du pays, une collaboration de plus en plus active. Sans doute, ce concours ne saurait être immédiatement escompté, mais est-ce une raison pour ne pas le prévoir et s'attacher à le rendre possible, le jour venu? Nous devons songer à l'avenir et, si le présent fait obstacle à nos légitimes intentions, réagir contre lui. Il ne faut pas que nous ayons le fétichisme des coutumes locales, quand celles-ci sont opposées à un mode de notre intervention par lequel cette dernière se justifie, puisqu'il a pour but l'émancipation de nos sujets et leur admission au règlement des affaires publiques, dans la limite qui pourra leur être tracée et selon nos directives :

Jusqu'à présent, dit-il, notre administration s'est bornée à maintenir les indigènes dans un état de soumission plus ou moins parfait et à les faire participer, légitimement et le mieux possible, aux charges et au développement du pays.

J'estime qu'il convient dès maintenant d'envisager la possibilité d'une utilisation plus complète de l'indigène, d'une sorte de collaboration consciente de sa part à notre œuvre, en vue d'améliorer, avec son aide, sa condition matérielle et morale, en vue également de l'intéresser aux mesures que nous prenons à son égard et dont il peut assurer lui-même, dans une large proportion, la réalisation.

Ce n'est pas que j'aie le moins du monde dans l'idée de tenter ici un essai d'administration indirecte. La Côte d'Ivoire ne possède, parmi les natifs aucun sujet susceptible de remplir, même approximativement, le rôle de fonctionnaire indigène, détenteur de la moindre parcelle de l'autorité publique. Il faudra de longues années avant que nous trouvions des individus à la fois pourvus d'une instruction relative, énergiques, actifs, honnêtes, dévoués, prêts à affronter les dangers qu'offre pour l'indigène l'exercice du pouvoir dans son propre pays, suffisamment désintéressés aussi pour nous servir d'auxiliaires administratifs, fût-ce au prix d'un contrôle étroit et permanent.

Nous devons donc nous borner à pratiquer l'administration directe, la plus morale, du reste, en pays noir, parce qu'elle prête infiniment moins aux excès qui découlent, sans conteste, de toute participation de l'indigène aux affaires publiques.

Toutefois, je pense qu'il est possible de songer à apporter à ce mode d'administration quelques tempéraments destinés à rendre notre tâche plus aisée et à servir les intérêts généraux de la colonie.

L'administration directe exige l'emploi exclusif d'un personnel européen. Lorsqu'il s'agit d'un territoire d'aussi vaste superficie que la Côte d'Ivoire, cette exigence se traduit par la présence d'un nombre fort élevé de fonctionnaires, si l'on veut vraiment tirer parti des ressources multiples qu'offre le pays. Du coup le développement de la colonie se trouve limité par les moyens budgétaires dont celle-ci peut disposer en faveur de l'accroissement du personnel. Et, comme ces ressources sont elles-mêmes fonction du progrès général, nous tombons dans un cercle vicieux, évitable seulement si nous consentons à retarder l'essor du pays.

Or, à l'heure actuelle, nous ne cessons d'aller de l'avant. Les efforts du personnel administratif font ressortir, par des recensements plus réels, une augmentation constante du chiffre des habitants dénombrés ; ils dévoilent des sources de richesses nouvelles, des besoins impérieux.

Devons-nous donc ne pas pousser plus loin ces constatations avantageuses ou seulement hésiter à les rendre profitables, puisque la limite de nos forces n'est pas indéfinie ? Je ne le pense pas. *J'estime au contraire qu'il est à la fois possible d'utiliser les ressources existantes, d'en mettre à jour de nouvelles, de donner au pays tout entier une impulsion vigoureuse, de remplir le programme moral que nous imposent les traditions et l'esprit de notre race, en ayant recours, dans la mesure où cette nouveauté est possible, à la participation de l'indigène à notre administration*

Cette forme de l'association, je la conçois de la manière suivante : emploi judicieux des chefs indigènes, introduction dans l'esprit des habitants des villages d'un sentiment de cohésion et de solidarité qui permette de leur faire exécuter avec facilité et, en quelque sorte, spontanément les mesures prises en vue d'améliorer leur sort matériel et moral.

Quelques-uns penseront sans doute qu'innover dans les conditions que je viens de définir et que je développerai plus loin, c'est porter gravement atteinte à un état social existant auquel ils considèrent que nous ne saurions, sans faute, substituer une organisation introduite de toutes pièces.

Mais j'estime, au contraire, que nous sommes précisément dans ce pays pour modifier l'état social des populations aujourd'hui soumises à nos lois. Cet état se traduit, en effet, par une anarchie permanente, générale, résultant de l'absence de toute autorité et opposée à la réalisation de toute réforme utile. Il m'a été dit trop souvent que les chefs indigènes — tout en faisant preuve, par crainte, par lassitude après la lutte qui entraîna leur soumission, par indifférence ou par tactique, de bonne volonté — se déclaraient impuissants à obtenir l'obéissance des populations qu'ils dirigent pour que, en présence du résultat négatif de leur intervention, je me déclare satisfait de cette bonne volonté.

Il en est de celle-ci comme des bonnes intentions. Si l'on s'en contente, on se condamne à l'immobilisme, on laisse sciemment persister un état de choses contre lequel nous protestons et réagissons par notre seule présence.

Cette protestation ne doit pas rester un vain mot ; cette réaction doit être réelle. Nous avons mission d'apporter ici la civilisation, le progrès moral et social, la prospérité économique. Nous n'y atteindrons jamais si nous croyons devoir ménager une situation déplorable, un passé hostile à toute réforme, ou bien, si nous y parvenons, ce sera avec une lenteur que l'importance des sacrifices faits et des intérêts engagés nous interdit.

Si audacieuse que puisse paraître ma manière de voir, je tiens à l'affirmer et à la réaliser, convaincu qu'il n'est pire, en matière de politique coloniale, qu'une politique conservatrice. Pourquoi de fermes résolutions, si elles doivent faiblir devant une situation à laquelle, justement, elles avaient pour but de mettre fin ? Pourquoi tant d'efforts, si nous les vouons par avance à l'insuccès et si, sous le prétexte de respecter les mœurs et coutumes de l'indigène, nous condamnons ces efforts à rester platoniques ?

Les résultats seront ce que nous les ferons et non ce que nous attendrons des circonstances. Nous devons réagir sans cesse. L'autorité dont nous disposons ne mériterait pas d'être mise au service de la noble cause de la civilisation, si elle ne hâtait l'avènement de celle-ci. Elle s'emploierait bien mal, si elle se manifestait seulement lorsqu'il s'agit de briser des résistances matérielles, si elle n'avait d'autre fin que la conquête.

Notre devoir ne consiste pas seulement à être justes, humains, attentifs, à vouloir théoriquement le bien de l'indigène. Il convient aussi que nous réalisions. Les représentants les plus autorisés de la cause coloniale ne cessent d'affirmer que notre administration s'est donné une tâche civilisatrice ; il importe qu'elle y réussisse.

Or, je ne pense pas qu'elle ait de sérieuses chances de succès si nous attendons que la mentalité et la condition de l'indigène se modifient sur nos seuls conseils et à notre seul exemple. Notre intervention peut être effective, sans, pour cela, bouleverser de fond en comble l'ordre des choses établi par un passé qui n'a fait que servir des instincts et créer de déplorables habitudes.

Quand, donc, je déclare possible de faire fond sur les chefs indigènes pour faciliter notre administration et accélérer le progrès, j'ai l'assurance de n'émettre aucune hérésie. Au surplus, mes intentions à cet égard ne vont pas sans s'associer à une certaine prudence, destinée à ménager la transition entre ce qui existe et ce que je désire voir exister.....

Mais si nous voulons associer les indigènes, par leurs chefs tout d'abord, à nos efforts, encore faut il que ces chefs ne mettent pas l'autorité au service des mauvais éléments au lieu de nous aider. Nous sommes donc directement intéressés à leur désignation. M. Angoulvant estime que nous pouvons, que nous devons même, en certains cas, y pourvoir. Il explique ainsi qu'il suit sa manière de voir sur ce point :

Ce qui doit, de notre part, faire l'objet d'une attention spéciale, c'est le choix des chefs. Jusqu'ici, nous ne sommes guère intervenus dans ce choix et, à moins que la légitimité des successions ne constitue un danger pour notre puissance, nous ne nous sommes préoccupés que de tirer le meilleur parti des chefs désignés par la coutume. Autant que possible, celle-ci est évidemment à respecter, mais si son observation ne doit pas nous donner toute sécurité pour l'avenir, je déclare qu'il n'y a pas lieu d'hésiter à intervenir dans la désignation des chefs et à prendre en mains, nous-mêmes, le soin de pourvoir au remplacement de ceux qui disparaîtraient. Bien mieux, si l'un des chefs existants ne nous satisfait pas, il convient de le relever de ses fonctions et de lui donner un successeur fixé par nous. J'ai personnellement appliqué ce procédé à l'égard de chefs influents et je n'ai pas constaté que mon intervention directe ait eu d'autre résultat, au point de vue politique, que de donner aux populations une idée plus exacte de nos intentions. Je ne crois nullement que, dans un pays où, comme dans celui-ci, la coutume est surtout une garantie du maintien de l'état anarchique, il faille redouter les conséquences de notre action, lorsque celle-ci même ne respectera pas des usages dont le mieux qu'on en puisse généralement penser est qu'ils sont opposés à tout progrès. Au surplus, si les administrateurs veulent bien appliquer le principe d'autorité que j'ai considéré plus haut comme la base nécessaire de leur action, ils ne verront pas se produire ces manifestations de mécontentement dont la cause ne peut guère résider, en l'espèce, que dans l'intérêt particulier. Car, il ne viendra, je pense, à l'idée de personne de soutenir que l'intérêt général soit jamais mis en jeu lorsqu'il s'agit du remplacement d'un chef dans les conditions actuelles.

Donc j'estime que nous avons non seulement le droit, mais le devoir d'intervenir dans ces remplacements.

Les applications qu'il a faites, à diverses reprises, de ce procédé, suffiraient à le justifier par leurs résultats, s'il n'était absolument normal qu'un gouvernement prévoyant ne laisse pas, dans un pays hostile, le choix de nos intermédiaires ordinaires entre l'administration et les indigènes porter sur des ennemis irréductibles et des fauteurs de désordre.

Entre autres exemples du succès de la mise en pratique de cette méthode rénovatrice, nous en pouvons citer un qui a son prix.

En juin 1909, la tribu akoué entre en insurrection déclarée. Tous les chefs prennent la tête du mouvement, sauf l'un d'eux, Quassy N'Go, chef du village de Yamoussoukrou, dont l'intervention et la fidélité sauvent les vies de l'administrateur Simon et de l'adjoint Mœsch. Cet indigène est blessé trois fois en protégeant l'existence de nos représentants ; en butte à la fureur des rebelles, il est chassé du pays, ses biens sont confisqués, une partie de ses parents et serviteurs tués ou pris. La paix revenue, pour reconnaître ces éclatants services, le gouverneur le nomme chef des Akoués par un arrêté du 12 janvier 1910 et, depuis, Quassy N'Go s'emploie à ramener à l'ordre les insurgés d'hier, à les rassurer, à les pousser au travail.

M. Angoulvant ne s'en tient pas à cette forme de l'association. Sur sa proposition, le gouverneur général de l'Afrique Occidentale crée, par un arrêté du 15 novembre 1909, des Commissions consultatives à Grand Bassam, Aboisso et Grand Lahou, pour assister, dans l'administration de ces centres urbains, les administrateurs des cercles intéressés. Or, à côté des membres européens desdites commissions, siègent des membres indigènes notables que désigne, tout comme les premiers, un arrêté du gouverneur de la Côte d'Ivoire du 26 décembre suivant.

Lorsque M. Angoulvant veut faire appel au concours des indigènes, il indique ce qu'il attend de cette collaboration. C'est aussi précis que logique et humain :

Quand je désire, dit-il dans ses instructions du 26 novembre 1908, rehausser le prestige des chefs et les rendre politiquement et administrativement utilisables, je n'ai point seulement en vue d'alléger la tâche des agents européens, mais aussi de faciliter la réalisation d'une idée que je crois indispensable d'appliquer dans ce pays, où la situation matérielle des indigènes, si précaire, tient pour beaucoup à l'état d'isolement dans lequel chacun vit, même lorsqu'il fait partie d'un village, par suite de l'absence de toute notion de vraie solidarité.

Il est frappant de constater que les agglomérations indigènes, même les plus importantes, sont toujours formées d'un assemblage de cases minables, à demi démolies, mal commodes, d'une saleté repoussante, construites sans souci de l'hygiène ni des commodités de l'existence. D'autre part, la brousse abonde en cases isolées ou groupées par deux ou trois, de telle sorte que, si les habitants de ces tristes demeures jouissent d'une liberté plus grande, ils sont à la merci de n'importe quel coup de force et perdent les avantages qu'ils trouveraient dans des groupements plus importants, à la condition qu'une autorité réelle s'exerçât sur ces derniers.

Je désire donc que les administrateurs et chefs de poste réagissent, par la formation des villages, contre la fâcheuse tendance à l'isolement de la population indigène.

Je n'ai pas besoin d'insister sur les avantages que procurera cette réforme sociale aux commandants de cercle et aux chefs de poste pour l'administration de leur territoire. Il n'est pas douteux non plus que les indigènes en tireront de multiples profits. J'ajoute que c'est là une mesure en quelque sorte indispensable, si nous voulons appliquer le programme économique que je tracerai plus loin et dans la réalisation duquel les autochtones sont appelés, on le verra, à jouer un rôle important,

Je prie également les administrateurs et chefs de poste de veiller à ce que les villages soient édifiés ou reconstruits dans des conditions plus hygiéniques, plus coquettes aussi, et surtout entretenus en bon état de conservation et en parfait état de propreté.

C'est ici que le rôle des chefs commence à apparaître. Il ne serait évidemment pas possible aux chefs de poste de veiller d'une façon constante au bon entretien de tous les villages ; aussi, faut-il qu'ils puissent compter sur les indigènes les plus capables de remplir ce rôle de surveillance et de direction. Mais ces chefs eux-mêmes, si l'on admet même que leurs ordres puissent être sanctionnés par les fonctionnaires européens, risqueraient trop souvent de rester impuissants devant l'inertie de tout un village, si les habitants de ce village, n'étaient rendus solidaires lorsqu'il s'agit de l'observation de nos prescriptions,

Aussi, voudrais-je qu'il se créât, pour chaque village, une sorte de communauté, qui permît d'agir sur l'ensemble d'une façon certaine, par l'intermédiaire des chefs. Déjà, les notables jouissent, dans les groupements, d'une considération qu'il est possible de mettre à profit, mais qui, si j'en juge par le présent, n'est pas des plus efficaces.

Évidemment, pour créer cette cohésion des sentiments et des intérêts qui, dans certains pays indigènes tout comme dans la Métropole, donne tant de force à la communauté, il faudra du temps. Mais, cette institution est, j'en ai l'assurance, réalisable de toutes pièces, tout d'abord par voie d'autorité, puis par la persistance des intérêts analogues, par l'influence de la vie en commun, qui transforme peu à peu en habitudes les obligations du début. Je pourrais citer des exemples probants de transformations semblables de l'état social, opérées grâce à l'action persévérante et ferme que nous avons voulu exercer dans ce but.

Je ne veux pas tracer ici un cadre *a priori* pour la création de ces communautés. Toutefois, j'estime qu'en principe, aucun village ne devrait compter moins d'une vingtaine de cases, que celles-ci devraient être assez groupées pour se trouver placées sous la surveillance effective du chef et pour que leurs habitants puissent, le cas échéant, se prêter mutuellement l'appui désirable. La création des villages serait subordonnée à l'assentiment préalable du chef de poste et celui-ci n'autoriserait la construction de cases isolées que dans des cas exceptionnels et déterminés, lorsqu'il s'agirait, par exemple, de favoriser l'extension des cultures, la récolte des produits naturels ou le développement de l'élevage ; ces cases devraient, bien entendu, être rattachées à un village,

Les habitants de chaque agglomération formeraient la communauté, sans distinction d'âge ni de sexe. Les membres des communautés auraient le droit de se réunir pour discuter leurs intérêts et préparer les moyens d'exécution exigés par l'observation des ordres de l'autorité française.

Des devoirs sérieux incomberaient aux communautés.

C'est ainsi que leurs membres devraient assurer la police générale de leur territoire en arrêtant et en livrant aux chefs de poste tout auteur indigène d'une transgression aux règlements en vigueur, lorsqu'ils en seraient les témoins, et en signalant les méfaits que pourraient commettre des étrangers.

Ces membres seraient responsables de l'ordre dans les villages et devraient prêter leur concours dans tous les cas d'accidents ou d'événements calamiteux qui menaceraient soit l'un des leurs, soit un village voisin,

Ils seraient tenus de protéger les plantations, les récoltes, en empêchant, soit leur destruction par des individus, soit la divagation des animaux ; ils veilleraient au maintien des clôtures existantes, des bornes ou piquets qui peuvent servir de limites ou d'indications à la propriété d'autrui comme à la propriété communale.

Ils seraient chargés de la conservation et de l'entretien des routes, chemins ou sentiers qui traverseraient leur territoire, des poteaux télégraphiques, de la propreté des rues de villages, des places et des marchés, de la construction et de l'entretien de tous les édifices communs tel que gîtes d'étapes, caravansérails, écoles, etc.

Ils seraient mis dans l'obligation de signaler immédiatement les cas de maladies contagieuses qui atteindraient les gens ou les animaux.

Ils participeraient à l'assistance publique en assurant l'existence des vieillards, des infirmes et des orphelins, les soins aux malades, l'ensevelissement des morts sans famille, la nourriture des miséreux auxquels ils devraient s'efforcer de procurer de travail en utilisant leurs forces au profit de la communauté.

Du fait même que ces chefs posséderont une autorité réelle et qu'ils pourront l'exercer selon nos ordres sur des communautés bien déterminées, ils auront à accomplir des devoirs précis.

C'est ainsi qu'ils auront pour mission d'observer l'état d'esprit de la population, de lui faire comprendre l'avantage et l'utilité de nos institutions, d'éviter qu'il se commette, dans les communautés, des vexations et abus individuels.

C'est ainsi, également, qu'ils veilleront à l'exécution des travaux d'intérêt général incombant aux villages, à l'observation des mesures de sécurité et de salubrité, des devoirs d'assistance ; qu'ils auront à se préoccuper de l'état matériel des indigènes : à surveiller l'extension des cultures, l'emploi des récoltes, les progrès de l'élevage ; à empêcher les négligences et les exactions ; à renseigner, en un mot, les fonctionnaires européens sur tout ce qui touche à la situation politique, morale, économique de la communauté.

Désormais, les indigènes prendront donc conscience de leurs devoirs envers eux-mêmes et envers leurs semblables par le seul fait de la vie commune. L'exemple a prouvé qu'ils ne tardaient pas à se complaire dans leurs villages bien tenus et dans l'existence en société, substituée à la vie errante qui les faisaient, jusqu'alors, plus semblables à des bêtes qu'à des humains. Quant aux chefs auxquels il a déjà été possible de faire remplir le rôle qui leur est ci-dessus attribué, ils ont compris leur utilité, ont acquis rapidement la notion de leur dignité et ils sont devenus autre chose que ces fantoches misérables ou ces boucs émissaires tout désignés dont les indigènes tenaient compte seulement quand il s'agissait de les mettre en avant pour obtenir une faveur de l'administration ou pour supporter les reproches et les punitions que méritaient les écarts populaires.

Ce n'est pas seulement de cette manière que le gouverneur Angoulvant envisage le relèvement de nos sujets :

Ces mesures, dit-il, devront être complétées, bien entendu, par une extension aussi grande que possible et sans cesse croissante de l'œuvre de l'enseignement qui, seule, peut ouvrir définitivement les esprits indigènes et leur faire apprécier les avantages de l'organisation dont je désire les doter en même temps que la légitimité des obligations consécutives. Cette œuvre, il est dans ma forme intention de la poursuivre très activement, de façon à lui donner à la fois toute l'ampleur qu'elle mérite et la valeur fécondante dont elle est capable.

Comment, en effet, sans le développement de l'instruction, arriverions-nous à faire comprendre aux chefs, devenus dans une certaine mesure nos collaborateurs administratifs, la portée de leurs attributions ?

Le service de l'*enseignement* a donc été, depuis deux ans, l'objet de soins tout spéciaux. On n'a pu s'en tenir à faire progresser normalement le nombre des écoles, au fur et à mesure de l'augmentation des ressources budgétaires. Il a fallu le reprendre à la base et le réorganiser dans son fonctionnement.

La tâche de l'administration locale, pour donner à l'œuvre de scolarité ébauchée l'importance qu'elle comporte, se heurtait à de grandes difficultés. On se trouve, en effet, à la Côte d'Ivoire, en présence d'une population extrêmement arriérée et primitive, peu désireuse de profiter de l'enseignement et qui n'avait fourni, jusqu'alors, des élèves à nos écoles que moyennant une pression continue. Les parents répugnaient surtout à confier leurs enfants à des instituteurs noirs, venus du Sénégal, qui, sans jouir de la déférence dont l'instituteur européen peut être entouré pour le plus grand profit de son rôle, apportaient à la Côte d'Ivoire une mentalité particulière, une compréhension insuffisante de l'esprit des autochtones et restaient, ainsi, plus étrangers que nous-mêmes à ces derniers.

Et pourtant, il n'était pas possible de songer à multiplier beaucoup le nombre des maîtres français ; des raisons financières s'y opposaient. Ceux-ci, d'autre part, avaient beaucoup de peine à instruire des enfants encore sauvages, qui ne possédaient même pas les premières notions de notre langue. M. Angoulvant pensa donc que les écoles dirigées par des instituteurs blancs devaient être tout d'abord restreintes, réservées à ceux de nos sujets qu'une sélection aurait fait reconnaître aptes à recevoir un enseignement très élémentaire encore, sans doute, mais cependant plus élevé que celui dont avait besoin la masse. A celle-ci, une instruction des plus simples, adéquate à sa faible intellectualité, suffisait largement, pour le présent.

Le gouverneur de la Côte d'Ivoire tint compte de l'heureuse initiative qu'avait prise le gouverneur général Ponty, relativement à la Guinée, de faire répandre l'enseignement à l'aide de maîtres indigènes pris dans la population même et dont l'action, loin d'être impopulaire, est ainsi parfaitement admise par les parents, heureux de placer leurs enfants sous la direction d'individus de leur race. Cette combinaison avait le double avantage de ne pas imposer au budget des charges trop lourdes, ces maîtres se payant moins cher que des étrangers au pays, et de permettre ainsi une plus rapide multiplication des écoles. Elle était, enfin, une autre forme de l'association, forme nouvelle en Afrique Occidentale, où, seuls jusqu'alors, les Sénégalais fournissaient un contingent d'instituteurs.

M. Angoulvant fit alors recruter, parmi les jeunes gens intelligents des diverses régions de la colonie et, notamment, parmi les fils de familles influentes, des élèves moniteurs, susceptibles, de retour dans leur pays d'origine à l'issue des cours destinés à les former, non seulement de bien instruire les enfants, mais encore de devenir des auxiliaires intéressés de notre autorité. Il n'était pas question de posséder en eux des maîtres brevetés, mais des hommes capables d'enseigner les rudiments du français, de l'écriture, du calcul, de l'hygiène, de la culture et même de l'industrie ménagère ou familiale. Le but était d'instituer à la Côte d'Ivoire un enseignement peu compliqué, de dégrossir la masse, de gratter la couche sous laquelle se dissimule une intelligence qui ne se devine guère, d'éclaircir peu à peu les esprits en les obligeant à penser, de faire balbutier puis prononcer par les enfants des mots français courants, de créer ainsi peu à peu entre les tribus qu'isolent aujourd'hui la différence des idiomes le lien d'une langue commune, de préparer la diffusion d'un enseignement plus complet pour le jour où il serait susceptible d'être utilement distribué.

Un arrêté du 15 décembre 1909 organisa, après un essai favorable, le cadre des moniteurs, qui, avant d'être envoyés dans les postes, suivent au chef-lieu de la colonie un cours spécial. D'autres cours analogues doivent être ultérieurement créés dans d'autres centres, au fur et à mesure des besoins.

Au 1er janvier 1910, la situation de l'enseignement était la suivante : 27 écoles de garçons, 2 écoles mixtes, 1 école professionnelle. Des moniteurs — les premiers formés au cours de l'expérience faite pour étudier la possibilité d'organiser ce corps — venaient d'être mis en service. Soit au moyen de ces moniteurs, soit à l'aide de sous-officiers présents dans les postes, des écoles ont été ainsi créées dans des centres qui, jusqu'alors, s'en trouvaient dépourvus, tels Assinie et Krinjabo (cercle d'Assinie) ; Bingerville, Bonoua, Dimbokro et Dabou (cercle des Lagunes) ; Bouaké (cercle du Baoulé-Nord) ; Toumodi et Bonzi — ce dernier poste en pays akoué encore complètement insurgé à la fin de 1909 — (cercle du Baoulé-Sud) ; Soubré (cercle du Haut-Sassandra) ; Mankono (cercle de Mankono) ; Béréby (cercle du Bas-Cavally) ; Assikasso (cercle de l'Indénié). (Arrêtés des 22 décembre 1909, 30 mai et 23 juillet 1910.)

Un arrêté du 11 février 1909 a réorganisé les cours d'adultes qui déjà fonctionnent régulièrement à Abidjan, Aboisso, Grand Bassam, Grand Lahou et Tabou, c'est-à-dire dans les centres commerciaux importants où vit une population très laborieuse, susceptible d'être instruite après le travail quotidien.

Les crédits budgétaires attribués à l'enseignement des indigènes, qui étaient de 58.000 francs pour 1908, se sont élevés à 87.620 francs en 1909 pour atteindre 102.140 francs en 1910.

On peut apprécier, par ces chiffres et ces résultats, l'importance de l'effort fait, depuis deux ans, par l'administration locale de la Côte d'Ivoire, en ue de répandre l'instruction.

La *santé publique* n'a pas moins vivement préoccupé M. Angoulvant.

En 1908, le service médical était assuré par 11 médecins, dont 4 seulement se trouvaient dans des centres comportant une installation pour indigènes, à Bingerville, Grand Bassam, Abidjan et Grand Lahou.

Au 1er janvier 1910, le nombre des médecins était passé à 16 et des ambulances ou dispensaires avaient été créés à Bouaké, Toumodi, Aboisso, Bondoukou, Korhogo, Daloa, Touba et Séguéla, avec un nombre de lits, pour indigènes, variant de 12 à 24. Des centres vaccinogènes existaient à Bingerville, Bouaké, Korhogo et Bondoukou. Des dispensaires étaient prévus à Zaranou, à Bongouanou et dans le pays gouro, pour être ouverts en 1911.

En 1908, il avait été donné 74.284 consultations, nombre qui s'est élevé à 114.812 en 1909, soit une augmentation de près de 60 0/0.

Les crédits affectés au service de santé sont passés de 220.186 fr. 72 en 1908, à 253.879 fr. 84 en 1909 et à 293.396 fr. 34 en 1910. Pour 1911, 307.328 fr. 83 ont été inscrits au budget, soit, en trois ans, une augmentation de 87.142 fr. 11, bien supérieure au tiers des crédits inscrits en 1908.

D'importants travaux d'assainissement des localités indigènes ont été entrepris, pour compléter les mesures destinées à améliorer les conditions de vie des autochtones dans leurs villages : création d'agglomérations bien conçues près de tous les centres européens, pourvues de rues entretenues et d'éclairage; installation, à Grand Bassam, de tinettes publiques; comblement de marigots; débroussaillements; entretien d'une propreté rigoureuse.

La diffusion de la vaccine a été particulièrement accrue. Une lutte sévère s'est engagée contre la maladie du sommeil, qui commence à menacer sérieusement les populations de la forêt et de la basse côte par suite du développement des relations entre le Nord et le Sud de la colonie : une circulaire du 25 février 1909 en a tracé le plan et un laboratoire de bactériologie a été fondé à Grand Bassam, sous la direction d'un médecin spécialiste sortant de l'Institut Pasteur. En vue de faciliter aux indigènes l'accès des consultations médicales, celles-ci ont été organisées à jours fixes et les médecins de certains centres chargés d'aller sur place, se mettre, à des dates déterminées, à la disposition des malades : c'est ainsi que l'arrêté du 10 avril 1910 a créé ce service spécial pour les villages d'Adjamé, Santhé, Akouadio, Abata, Anna, Aduin et Akandjé dépendant du centre médical de Bingerville.

M. Angoulvant ne s'en est pas tenu à ces dispositions multiples. Il a entrepris de combattre l'alcoolisme qui, dans certaines régions, est rendu particulièrement meurtrier par l'abondante absorption d'alcools allemands de basse qualité et constitue un véritable danger public : n'a-t-on pas constaté, par exemple, dans le cercle du Bas-Sassandra, que la population, décimée par ce vice mis à sa portée, disparaissait rapidement, transformant en un désert de riches régions, dont les trop rares habitants sont affligés des pires maux et des plus répugnantes affections consécutives à un amoindrissement physiologique intense?

Emu de cette constatation, le gouverneur de la Côte d'Ivoire a prescrit de multiplier les conseils, seul moyen à sa portée. Par une circulaire du 8 mars 1910, il a formellement interdit les distributions de gin comme salaires ou cadeaux politiques, rompant ainsi avec un usage ancien.

Ainsi, le côté moral et social de l'œuvre politique et sociale entreprise par M. Angoulvant n'a pas été négligé. Le côté matériel n'a pas moins retenu l'attention du gouverneur de la Côte d'Ivoire. Il n'était pas le moins important, car, comme le déclarait dans son discours d'inauguration du viaduc du N'Zi, le 11 septembre dernier, le chef de la colonie, « il embrassait la masse et, suivant l'aphorisme du philosophe : il faut vivre d'abord ».

Dès 1908, ce point de vue prenait, dans les préoccupations de l'administration locale, la place qui lui revient. Les instructions-programme du 26 novembre 1908 en font foi :

Du fait même, y lit-on, que nous recourons à l'indigène en lui demandant un impôt légitime, si modéré qu'en soit le taux, nous contractons l'obligation de l'aider à se procurer des ressources. Ainsi se trouve aussitôt démontrée la répercussion économique de l'impôt, singulièrement apparente dans tout pays neuf, puisque ces ressources ne peuvent être acquises que par un travail immédiatement productif, dont les conséquences sont la mise en valeur et l'exploitation du sol.

Mais ici, l'aide de l'administration a un caractère particulier. Elle ne ressemble en rien à l'assistance que donnent parfois les pouvoirs publics aux entreprises privées pour leur permettre de vivre ou de prospérer. D'abord elle est générale : tous les indigènes y ont droit; bien plus tous en ont besoin. D'autre part, elle se manifeste par une intervention spéciale de l'autorité : celle-ci s'exerce, en effet, pour amener ces indigènes au travail, dont ils n'ont pas la notion.

L'application de ces principes est soigneusement prévue :

L'emploi de procédés culturaux perfectionnés, les méthodes de culture et d'exploitation doivent faire l'objet de l'intervention des administrateurs. *Si l'indigène tente quelque chose sur notre initiative, il convient que ses efforts soient fructueux et, en conséquence, bien dirigés.* Il trouvera auprès des fonctionnaires européens les conseils utiles que ceux-ci recevront eux-mêmes, en cas de besoin, soit directement des agents techniques en service dans certaines régions, soit de la section de l'agriculture existant au gouvernement et dont le rattachement à mon cabinet, par arrêté du 27 juin 1908, indique bien l'importance que j'attache à ses travaux.

A propos de ces conseils, je ne saurais négliger de parler de l'exploitation du caoutchouc, déjà si atteinte par la crise des cours et que l'ignorante négligence des indigènes risque de tarir complètement, à bref délai. Les lianes mutilées se raréfient, les lieux de récolte s'éloignent des agglomérations, parce que l'indigène détruit en récoltant. Il paraît difficile de réagir très sérieusement, à la Côte d'Ivoire, contre des habitudes générales, du reste, dans les contrées productrices de caoutchouc; une intervention utile ne saurait se produire qu'au prix d'une surveillance dont nous n'avons pas les moyens ou de leçons répétées qui seraient mal comprises.

Toutefois, si faible que soit le résultat à espérer, il n'est nullement à négliger; j'engage donc vivement les administrateurs et chefs de poste à ne jamais laisser passer l'occasion d'apprendre aux indigènes les meilleures méthodes à suivre.

Le mieux encore, pour favoriser la reprise du mouvement d'affaires sur le caoutchouc, est d'en rendre la production si abondante et la récolte si aisée qu'une baisse éventuelle des prix ne retire pas tout intérêt à l'exploitation. Dans ce but, il convient de procéder à du peuplement en grand, dans les régions les plus propices, en prescrivant aux villages de créer de nouvelles plantations...

Ce que je viens de dire pour la culture peut s'appliquer aussi à l'élevage. Cette industrie est trop peu répandue ou trop négligée. Son extension fournirait aux indigènes des éléments de commerce nouveaux et certainement appréciables. Elle aurait, en outre, pour conséquence immédiate de contribuer à améliorer leur alimentation, en leur permettant, au grand avantage de leur constitution physique et de leur santé, d'ajouter de temps à autre une nourriture carnée aux produits végétaux qu'ils consomment actuellement d'une manière trop exclusive dans la plupart des régions.

C'est en considération de ces avantages que j'ai prescrit à certains administrateurs d'envisager la possibilité de rendre les villages possesseurs de porcs. Ces animaux vivent et se multiplient bien. Leur prix est très modéré. Des expériences concluantes ont prouvé qu'il était facile de doter rapidement de troupeaux nombreux des régions entières. J'ai donc fait remettre à quelques postes des couples de porcs, dont les produits seront, également par couples, répartis au fur et à mesure de la naissance de nouveaux sujets entre les villages.

Si les porcs ne peuvent servir, dans toutes les régions, d'éléments pour l'élevage, en raison des sentiments religieux de l'indigène, il convient de chercher à multiplier les bovidés et les moutons. Je ne crois pas qu'il y ait en général, pour ces animaux, d'obstacles sérieux à leur reproduction et à leur entretien. Le Soudan, dont la colonie a été longtemps tributaire, possède des bœufs qui suffiraient à faire bien augurer des efforts à tenter dans les régions du Nord, si, déjà cette partie de la Côte d'Ivoire n'était, à ce point de vue, actuellement favorisée. J'ai vu aussi, en pleine forêt, de superbes moutons et bovidés, qui fournissent du reste, au chef-lieu, depuis quelques mois, la base d'une alimentation européenne très satisfaisante.

Ce qu'il faut donc, c'est amener l'indigène à s'occuper de son troupeau, à le considérer comme une valeur marchande et à s'efforcer de le vendre. Nul doute qu'il n'y trouve une source de revenus dont il aura tôt fait d'apprécier la permanence.

Mais il n'y a pas lieu, seulement, de se préoccuper de ce qui existe et de l'améliorer. Il convient, aussi, de multiplier les causes d'accroissement de la prospérité indigène en entreprenant des cultures nouvelles. Et c'est ainsi, se basant sur les merveilleux résultats obtenus dans la colonie anglaise limitrophe de la Gold Coast, que M. Angoulvant en vient à décider de lancer en grand la culture du cacaoyer : dans cette possession britannique, en effet, l'exportation du cacao est passée de 71.050 kilos en 1897 à 12.945.570 kilos en 1908. Il n'y a aucune raison, semble-t-il, pour que la Côte d'Ivoire, dont les conditions naturelles sont sensiblement identiques, ne tire pas du produit ci-dessus le même avantage au prix d'un effort à organiser.

M. Angoulvant y pourvoit. Et il n'oublie pas d'envisager les difficultés que rencontrera la réalisation de son initiative dans un pays dont l'habitant n'a jamais regardé vers l'avenir. Aussi, écrit-il :

Nous devons éviter de tomber dans le danger qu'offre la monoculture. Nous devons également penser que cet indigène, parce que, précisément, il n'a pas la faculté de prévoir, se découragera rapidement si nous ne le poussons que vers des cultures à longue échéance. C'est pour y avoir songé que j'ai recommandé de faire procéder le plus possible aux semis de cacao dans des plantations de bananier, d'igname ou de manioc, déjà existantes et judicieusement aménagées : tout en assurant sa nourriture, l'indigène se préparera de la sorte de grosses ressources à venir et l'entretien de sa plantation de cacao le conduira, sans même qu'il s'en doute, à faire une meilleure récolte des produits nécessaires à son alimentation courante.

Dès 1908, l'expérience est faite. Dans les seuls mois de septembre et octobre, 338.000 graines, distribuées gratuitement aux indigènes, sont mises en terre. Le 30 novembre, des instructions précises sont données aux administrateurs, en vue de la bonne direction de l'effort entrepris, et le gouverneur de la Côte d'Ivoire peut déclarer, à la même date :

Les indigènes ont manifesté une satisfaction non dissimulée, quand il a été fait appel à leur concours. A vrai dire, le contre-coup qu'a fait éprouver, même aux régions littorales, la baisse du caoutchouc a rendu cette nouvelle culture particulièrement opportune. Elle a paru très justement répondre à une nécessité, même aux natifs, dont le sens commercial s'éveille au contact permanent de l'Européen et sous l'influence du sentiment de la possession, du désir d'acquérir, provoqués en eux par la naissance de besoins nouveaux impérieux.

En deux ans, plusieurs millions de graines de cacaoyer ont été, grâce à des efforts suivis, mis en terre par les indigènes.

Une circulaire du 18 décembre 1908 prescrit de pousser les villages des cercles maritimes à développer intensément les peuplements de cocotier. Des essais de culture de maïs blanc sont entrepris en 1909. Des plantations de caoutchouc sont faites un peu partout, notamment dans les cercles du Nord et dans l'Indénié. La culture du coton est encouragée, des égréneuses à bras sont données à quelques villages qui les accueillent avec enthousiasme.

Le budget de l'agriculture passe de 32.400 francs en 1908 à 72.600 francs en 1909 et 75.800 francs en 1910. Au cours des seules années 1909 et 1910, 80.000 francs sont consacrés à l'entretien des jardins d'essais et, pour la presque totalité, à des achats de graines de cacao, coton, maïs, caoutchouc et cocotier destinées aux indigènes. En 1911, il est prévu 35.000 francs pour les mêmes dépenses ; des primes d'encouragement seront données aux villages et individus qui se signaleront par leurs efforts ; une station cotonnière sera créée ; 45 moniteurs, pris dans la population, seront chargés, contre rétribution, de porter dans l'intérieur le fruit de l'enseignement professionnel agricole qu'ils auront reçu.

Mais il paraît insuffisant au gouverneur de la Côte d'Ivoire de pourvoir les indigènes, par l'effet d'une prévoyance tutélaire et de sacrifices financiers, des moyens de se procurer des ressources de plus en plus nombreuses qui récompenseront leur travail. Il veut encore garantir aux travailleurs le bénéfice de ce labeur, les attacher au sol et, en même temps, assurer la colonie qu'elle n'aura pas inutilement dépensé des sommes élevées pour l'agriculture.

Le 26 novembre 1908, il adresse aux administrateurs de cercle une circulaire destinée à régler les conditions dans lesquelles des permis d'occuper pourront être accordés aux autochtones sur les terrains mis par eux en valeur. Cette circulaire, à cause de son esprit bienveillant et de son caractère de nouveauté, est à citer en entier :

Les récentes mesures, dit-elle, que j'ai prises, en vue de provoquer l'extension de certaines cultures ou plantations, telles que celles du cacaoyer, du maïs et du cocotier, vous ont montré le prix que j'attache — me conformant, du reste, ainsi, aux intentions de MM. le ministre des Colonies et le gouverneur général de l'Afrique Occidentale — au progrès de la mise en valeur du sol par les indigènes. Déjà, vous vous efforcez de faire comprendre à ces derniers les avantages qu'ils pourront retirer de l'acceptation de nos conseils et d'un travail persévérant.

Vous n'hésitez même pas, lorsque les préventions ou la paresse de quelques-uns sont invincibles par le raisonnement ou la persuasion, à leur prescrire de suivre l'exemple donné par les plus intelligents et les plus dociles.

Il n'est pas douteux que le gain à venir et la satisfaction des besoins qui s'ensuivra constitueront les meilleurs agents de succès pour nos initiatives présentes. Bientôt, le labeur régulier, qui est une obligation pénible, deviendra une habitude. Nous pouvons donc attendre les meilleurs résultats de la transformation morale de l'indigène.

Mais il semble qu'un des moyens les plus propres à l'encourager dans la voie que nous lui traçons, est de développer chez lui l'idée de la propriété et de le convaincre que le travail auquel il se sera livré, le capital qu'il aura créé ne seront enlevés ni à lui ni à sa famille : il est donc essentiel que le terrain mis en valeur devienne son bien exclusif.

Les conditions dans lesquelles une terre domaniale peut être attribuée à titre provisoire, puis à titre définitif sont indiquées dans l'arrêté réglementaire du 26 septembre 1907.

Je n'ai pas à revenir sur l'utilité de la procédure instituée ; mais *ces formalités, excellentes s'il s'agit de commerçants et d'exploitants européens ou d'indigènes suffisamment instruits habitant les centres ou à proximité de ces derniers, risquent de rester inaccessibles pour les indigènes de l'intérieur dont l'ignorance est totale.*

Bien plus, si nous voulions leur en faire l'application immédiate, elles constitueraient, vous vous en rendez compte, une entrave pour la réalisation du but que je viens d'indiquer.

J'ai donc décidé qu'à l'avenir les indigènes qui vous demanderaient, ou auxquels vous attribueriez d'office des terrains de culture, recevraient de vous un simple permis d'occupation provisoire. Vous aurez eu soin, préalablement, au moyen de palabres tenues à la population, de vous assurer que la distribution que vous vous proposez de faire ne peut léser personne.

Vous devrez également expliquer aux bénéficiaires que les plantations réellement mises en valeur deviendront la propriété exclusive de ceux qui auront su arriver à ce résultat.

Les dispositions de l'article 5 du décret du 24 juillet 1906 ne permettent pas, en effet, de prononcer la concession définitive d'un immeuble non immatriculé et il ne m'est pas possible de faire procéder actuellement à des immatriculations dans les régions de l'intérieur de la colonie.

Mais, dès que les nécessités du service et la présence d'un nombre suffisant de géomètres le permettront, je ferai immatriculer au nom de l'Etat les immeubles occupés et je prendrai de suite, sur votre proposition, un arrêté de concession définitif et gratuit au profit des indigènes qui auront continué la mise en valeur de leur terrain et nous paraîtront dignes de faveur.

Le permis que vous leur aurez délivré, appuyé d'un avis émanant de vous, servira à établir leur droit à cette mesure gracieuse. Encore qu'il ne leur confère aucun droit réel sur le sol, le permis constatera l'engagement que nous avons pris à leur égard.

Si, lors de l'immatriculation, des droits réels inconnus jusqu'alors se révélaient au profit de tiers, l'administration n'aurait, bien entendu, aucune indemnité à payer aux occupants, mais elle aurait le devoir de leur accorder, sur un terrain libre, une autre concession.

La cession à des Européens des terres mises en valeur et non encore définitivement accordées aux indigènes ne pourra avoir lieu, étant donné le but que je me propose, qu'à titre exceptionnel.

Je n'autoriserai, d'ailleurs, ces cessions qu'après que le cédant indigène aura accepté et reçu l'indemnité que lui devra le cessionnaire. Ce versement sera fait en votre présence et le consentement exprimé devant vous.

Ainsi, tout en donnant une prime au travail de l'indigène, la propriété personnelle de ce dernier est créée. Ce n'est pas un vain mot, car, jusqu'alors, la propriété reste collective. Sous cette forme, sa mise en valeur est impossible, car, d'une part, aucune autorité admissible n'existe qui, sans abus, pourra faire exploiter des espaces immenses et, au cas même où cette éventualité se produirait, assurera la juste répartition des fruits ; d'autre part, l'individu qui ne verra pas son profit se traduire sous une forme tangible, d'une façon régulière, correspondant aux époques des récoltes, se lassera bientôt d'un labeur improductif : il ne sera plus qu'une sorte d'esclave, qu'un manœuvre exploité par le chef. Et, de la sorte, se perpétuera cette inutilisation de terrains aussi étendus que fertiles qui fait de la Côte d'Ivoire un pays vierge de culture. Comme par le passé, les villages iront de place en place, détruisant la forêt pour y faire des plantations bientôt abandonnées. Donc, suppression de richesses latentes et maintien d'une existence errante aussi fâcheuse pour l'état social que pour l'établissement d'une paix solide et du développement moral des indigènes.

Ceux-ci, au contraire, grâce au nouveau régime, posséderont. Pourvus gratuitement de semences, ils planteront. Voyant croître d'année en année les fruits de ces plantations, ils s'attacheront au sol et, la récolte venue, recueilleront un bénéfice renouvelé qui ne saurait davantage leur échapper qu'à un agriculteur européen. Ils sauront, aussi, reconnaître la main qui les aura dotés de cette source de profit et leur gratitude s'exprimera tout au moins par une soumission, une tranquillité desquelles ils ne tireront pas un moindre avantage personnel que la colonie tout entière n'en récoltera elle-même au point de vue politique et économique.

L'administration n'aura-t-elle pas ainsi rempli parfaitement, à cet égard, cette partie de son rôle qui dérive, comme l'écrivait M. Angoulvant, de l'axiome suivant d'économie coloniale : « Pour coloniser, il faut créer des intérêts » ?

Nous avons envisagé, dans le second chapitre de la présente étude, les moyens que le gouverneur de la Côte d'Ivoire a estimé devoir mettre en œuvre pour vaincre l'apathie native des indigènes et déclancher, en quelque sorte, cette poussée vers le travail si difficile à obtenir d'une population forestière, vagabonde, essaimée, répugnant à d'autres occupations que celles nécessitées par la chasse et la guerre. Nous n'y reviendrons pas. Mais nous soulignerons le caractère essentiellement démocratique et populaire de la méthode employée en vue de faire naître l'agriculture.

Deux procédés pouvaient être appliqués pour lancer les cultures nouvelles entreprises, en particulier celle du cacaoyer.

Ou bien l'administration locale aurait donné des semences à des chefs avec mission de les faire planter et de surveiller l'entretien des plantations. Or, il fallait à la fois compter avec le manque d'autorité de ces chefs et, surtout, avec les excès qui seraient forcément résultés du système, ceux qui auraient reçu les graines devant, d'une façon toute naturelle, se considérer comme les uniques bénéficiaires des récoltes et, leur mentalité aidant, se trouver entraînés à des abus de pouvoir, à des violences. Il en fût résulté des causes de troubles et la désaffection de la masse pour des mesures précisément destinées, dans notre esprit, à lui profiter.

Se rattachant, quoique d'assez loin, à cette manière d'agir, on peut citer celle qui eût consisté à faire semer des graines par des indigènes riches, détenteurs exceptionnels de terrains, dont l'initiative provoquée et le succès auraient servi d'exemple aux villages. L'expérience a prouvé que ce procédé ne valait rien, les privilégiés ne possédant ni les ressources ni les moyens d'action personnelle suffisants pour payer et retenir des travailleurs salariés en nombre assez élevé et pour le temps voulu. L'administration ne pouvait donc se faire, dans un espoir plus qu'incertain, l'auxiliaire d'individus incapables de servir ses desseins en même temps que leurs propres intérêts et dont, au reste, la réussite même n'aurait pas été une cause d'émulation contagieuse.

Ou bien — et c'est à ce système que s'est aussitôt rallié le gouvernement local — les distributions de graines se faisaient indistinctement aux habitants des villages. Chacun, suivant ses dispositions, en plantait un nombre indéterminé, même peu élevé, quitte à les multiplier par la suite ou à remplacer les défaillantes. De cette façon, pas de traitement d'exception, mais une marque d'intérêt et une source de prospérité donnée à tous. C'est le travail généralisé ; c'est aussi le bénéfice à venir aussi largement réparti que le sont les charges communes. De la sorte, la politique trouve son compte dans une mesure dont la fin est matérielle et dont la manifestation est de l'ordre économique.

CONCLUSIONS

De cette étude, il ressort immédiatement un fait : c'est que l'orientation imprimée, depuis le 15 avril 1908, au gouvernement de la Côte d'Ivoire est conçue d'après un plan bien déterminé, inspiré par l'expérience du passé et par les possibilités qu'offre ce riche pays. Qu'il s'agisse de l'établissement de l'ordre, du développement moral et matériel de la colonie, toutes les dispositions prises se tiennent, s'enchaînent, se servent l'une l'autre. Ouvrir la forêt et y faire régner la paix était indispensable : nous avons montré que le choix des moyens n'existait pas. Y procéder purement et simplement, avec des ressources appropriées et nécessaires, aurait pu paraître une tâche capable de remplir une longue période. C'était, en tout cas, une chose aisée et une question d'effectifs, pourvu que l'homme à qui cette besogne eût incombé se fût senti le courage de l'entreprendre, en dépit des risques à affronter à notre époque.

Mais, nous ne sommes plus au temps où il suffit de conquérir des territoires pour faire son devoir. L'esprit du siècle exige d'autres résultats, qui s'inspirent de notre degré de civilisation, de notre juste désir d'en étendre les avantages aux peuples retardataires. L'emploi de la force, malheureusement, s'impose encore. Il ne saurait pourtant se légitimer, se faire admettre, que si, en subissant les premiers la nécessité angoissante, ne nous y laissant entraîner qu'après un échec complet de tous autres moyens et pour répondre à des agressions ou en prévenir les effets certains et déplorables — c'est précisément le cas à la Côte d'Ivoire — nous le corrigeons sans tarder par des mesures humanitaires et bienveillantes. M. Harmand disait dernièrement, à propos de la conquête coloniale, du chef qui réprime, qu'il est un chirurgien conservateur. « Sachant au besoin, ajoutait-il, se résoudre à trancher dans le vif, il doit cependant éviter toute lésion inutile ainsi que toute cicatrice apparente et longuement douloureuse. » Nous irons plus loin et nous dirons qu'il peut, qu'il doit être un créateur. A lui, s'il a dû ouvrir des plaies, de provoquer la renaissance et l'extension des parties saines, de faire germer de la bonne chair, d'adoucir la douleur par un pansement approprié.

En politique coloniale et spécialement en matière de pacification, cette comparaison est éclatante de justesse. Le pacificateur est essentiellement un régénérateur ; il commettrait une lourde faute s'il remettait le moment d'entreprendre cette régénération qui constitue une sorte de prophylaxie des crises nouvelles dont pourrait être affligé le corps indigène, si ce dernier ne trouvait dans nos procédés les moyens propres à éviter tout retour vers le passé.

En l'espèce, la preuve est faite qu'il fallait agir énergiquement. Le mauvais sort a un moment voulu qu'on ne l'ait pas compris, parce qu'on ignorait les motifs de ce déploiement d'énergie. L'opinion, assez mal renseignée d'ordinaire sur les choses coloniales et qui situe même assez difficilement certaines de nos possessions, est trop accoutumée à s'entendre dire que tout va pour le mieux dans les colonies les plus belles entre toutes, puisqu'elles ont le rare bonheur de vivre et de se développer sous la protection du drapeau français, sous la sauvegarde de nos grands principes. On s'imagine mal que quelques parties de notre domaine colonial exigent encore un effort militaire dont on n'est pas le moins du monde surpris s'il se produit — ce qui est assez fréquent — dans des possessions anglaises ou allemandes.

Mais si la nécessité est apparue, à la longue et parce que les résultats obtenus ont forcé l'attention, il n'en est pas moins agréable de constater que la méthode mise en œuvre ne saurait choquer, en aucun de ses points, par sa conception logique comme par ses manifestations de détail, le critique le plus exigeant en matière de raison et d'humanité, s'il n'est pas, bien entendu, dépourvu du sentiment de la pratique et opposé *a priori* à toute colonisation. Mieux que les raisonnements et les affirmations, les faits et les documents font foi en cette matière ; on a pu s'en rendre compte au cours des pages ci-dessus.

Les conclusions de ce travail, nous ne saurions mieux faire que de les emprunter à celles de cette lettre-programme du 26 novembre 1908, à laquelle se réfère dans tous ses actes, comme à un exposé de principes, l'administration actuelle de la Côte d'Ivoire :

Ces principes, dit le gouverneur Angoulvant, ont pour but de faire sortir au plus tôt la colonie d'une demi-torpeur, de substituer à une marche lente vers le progrès un essor rapide, de la rendre consciente de son avenir.

Il n'est point, dans ce pays, d'obstacles invincibles au développement social, administratif et économique. *Les indigènes, si indépendants qu'ils restent encore, n'en sont pas moins malléables et perfectibles, consciemment ou non. Ils apprécieront le bien fondé de nos efforts quand nous leur aurons fait franchir le pas qui sépare l'état de barbarie des premières lueurs de la civilisation. Jusque-là, nous devons, sans faiblesse, mais humainement, éveiller en eux le sentiment de leur personnalité, leur rendre odieuse leur déplorable situation matérielle et morale, leur donner, en un mot, une bonne éducation. Des parents bien inspirés et soucieux de l'avenir de leurs enfants n'hésitent pas à montrer, dans une œuvre analogue, poursuivie sur le terrain plus étroit de la famille, une sévérité tempérée par l'affection. Est-il donc moins admissible que nous fassions preuve de fermeté, lorsqu'il s'agit d'êtres misérables, dont le sort présent inspire aux philanthropes, aux éducateurs, les plus nobles théories ?*

Ces théories, nous avons deux moyens de les mettre en pratique : ou attendre que notre influence et notre exemple, lentement, agissent sur les populations à nous confiées, ou vouloir que la civilisation marche à grands pas, au prix d'une action directe, permanente, sympathique toujours, énergique parfois.

J'ai choisi ce second procédé, parce que, d'une part, l'expérience de l'histoire coloniale nous apprend qu'il est le seul à ne pas sacrifier à l'utopie ; parce que, d'autre part, je ne puis négliger les ressources immenses contenues dans ce pays, prolonger sans limite des sacrifices disproportionnés au rendement, compromettre des intérêts nombreux, laisser fermée davantage une terre d'élection pour les belles initiatives.

Nos efforts, auxquels je viens de tracer des directions, ne doivent avoir d'autre fin que le perfectionnement moral de l'indigène et sa prospérité économique. Nous avons la bonne fortune, ici, de poursuivre de concert l'un et l'autre buts, de faire que la réalisation de l'un n'aille pas sans la réalisation de l'autre. Nous ne verrons donc jamais, si nous le voulons, nos indigènes se civiliser, sans remplacer leur misère présente par une prospérité acquise en travaillant, ce qui témoignerait que nous sommes de mauvais maîtres, le perfectionnement moral devant permettre au progrès matériel de s'accomplir sainement et honnêtement. Nous ne verrons pas non plus un peuple pourvu d'une existence abondante et facile, mais resté ignorant et barbare, ce qui prouverait que nous l'avons traité comme nous ferions d'un animal dont l'intelligence ne saurait nous importer et dont nous exploiterions à notre profit l'instinct du bien-être.

Tout naturellement, j'ai rapporté dans la plus large mesure mon programme d'action au développement de la colonisation et du commerce. N'est-il pas, du reste, tout juste que je donne à ces deux auxiliaires indispensables du progrès général, en retour de leur contribution à notre œuvre, tous les moyens de réussir, quand le milieu leur offre des ressources aussi abondantes ?

Ce faisant, je me suis, au surplus, inspiré — en adaptant à la poursuite du même but des moyens dictés par les circonstances de lieu et les caractères des individus — des principes si prévoyants, si bien pénétrés des nécessités économiques et des aspirations de l'heure présente, dont le gouverneur général de l'Afrique Occidentale a fait sa règle d'action. *Civilisation et prospérité, tels sont les termes de cette action ;* organisation sociale et administrative, création de l'outillage public, utilisation de plus en plus consciente de l'élément indigène, orientation des initiatives européennes, telles en sont les modalités.

Il me reste à souhaiter que toutes les énergies se consacrent, chacune suivant ses facultés, à l'accomplissement de la tâche dont je me suis efforcé de déterminer les grandes lignes et dont le succès permettra d'affirmer que la France a fait à la fois, à la Côte d'Ivoire, une œuvre digne de son renom et une excellente affaire.

Cette affirmation est aujourd'hui possible, car notre belle colonie du golfe de Guinée est allée à grands pas vers le progrès moral et matériel, ainsi qu'en témoignent les résultats enregistrés au cours de cette étude.

Il est certes fâcheux que la critique soit, en France, si prompte et l'émotion si communicative. L'une et l'autre faillirent un moment compromettre une œuvre dont nous pouvons aujourd'hui nous louer, en tant que civilisés, humanitaires et gens pratiques. Mais, du moins, nous leur devons d'avoir eu l'occasion, tant pour rétablir la vérité que pour fixer certains points d'histoire coloniale, de mettre en lumière une méthode pour le succès de laquelle les hautes conceptions et la tenacité du gouverneur Angoulvant se sont opportunément trouvées soutenues, encouragées et renforcées par l'autorité, la profonde expérience africaine et les décisions du gouverneur général Ponty.

PARIS. — IMPRIMERIE LEVÉ, RUE CASSETTE, 17.

www.ingramcontent.com/pod-product-compliance
Ingram Content Group UK Ltd.
Pitfield, Milton Keynes, MK11 3LW, UK
UKHW022149170726
13837UKWH00004B/1884

9 782019 949228